割合で覚える和の基本

村田吉弘

NHK出版

割合で覚える和の基本

目次

CONTENTS

味の基本は 1：1　4

- 肉じゃが　6
- かれいのうま煮　8
- 青菜と揚げの煮物　10
- きんぴらごぼう　11
- 豚の角煮　12
- なすとえびそぼろのうま煮　13

1：1：1でバリエーション　14

- わさび豚　16
- 大根の和風サラダ　18
- きゅうりとわかめの酢の物　19
- たこと長芋の酢の物　19
- 鶏肉の照り煮　20
- 豆腐のステーキ　21
- 豚肉のしょうが焼き　21
- ぶりの照り焼き　22
- 鶏のから揚げ　23
- いんげんのごまあえ　24
- 蒸しなすのごまだれ　25

1：1：8で煮物上手　26

- 里芋の煮っころがし　28
- そぼろいも　30
- たけのこの土佐煮　31
- 煮しめ　32
- 鶏ごぼう　33
- きのこと鶏肉の煮物　34
- 豆腐といかの煮物　35

魚の煮物は 1：1：4：4　34

- ぶり大根　36
- いわしのしょうが煮　38
- さわらとわかめのあっさり煮　39
- さんまの揚げおろし煮　40
- さばのごま煮　41
- しょうゆの代わりにみそを使うときは
- さばのみそ煮　42
- なすの田楽　44
- わけぎといかのぬた　45

1：1：10で乾物上手　46

- ひじきの煮つけ　48
- 切り干し大根　50
- 五目豆　51
- 卵の花　52
- いり豆腐　53

旬の煮物は 1：1：15　54

- 白菜と豚肉の煮物　56
- かぶと油揚げの煮物　58

料理って、不思議なもんです。いろんな調味料を入れればうまくなる、
めんどうな手間をかけるほどうまくなる、とは限らない。
特に家庭料理では、いらんもんは入れない、余計なことはせんでもいい。
和食の味つけは難しいと思われがちですが、実はごくシンプルな「割合」でできているのです。
単純明解なこの「割合」さえ覚えれば、定番のおかずは万全。
あれこれ悩んでいたのが嘘のように、ピタリと味が決まるはずです。

かぼちゃの煮物 59
春菊のおひたし 60
菜の花のからしあえ 61
湯なます 61
高野豆腐の煮物 62
おでん 63
えんどう豆とえびのひすい煮 64
若竹煮 65

どんぶりはだしをきかせて 7::5::3 66

野菜のあんかけ丼 73
きつね丼 72
牛丼 71
カツ丼 70
親子丼 68

ご飯物のおいしい割合 74

あなごちらし 76
漬物ちらし 77
さけちらし 77
五目ご飯 78
豆ご飯 79
まつたけご飯 79

汁物のおいしい割合 80

豆腐と揚げのみそ汁 82
わかめとねぎのみそ汁 82
豚汁 83
かきたま汁 84
はまぐりのお吸い物 84
けんちん汁 85

つゆも手づくり 1::1::7と1::1::5 86

そうめん 87
てんぷら 88

割合早見表 89

column
みりんの話 4
酒の話 14
霜降りの話・落としぶたの話 26
だしの話 1 46
だしの話 2 54
あしらいの話 66

○ 本文の材料表のEは1人分のおよそのエネルギー、Tはおよその調理時間を示します。
○ 本書で使用している計量カップは200ml、計量スプーンは大さじ15ml、小さじ5mlです（1ml＝1cc）。
○ 電子レンジは、各メーカーの使用説明書などをよくお読みの上、正しくお使いください。
特に金属製の部分がある容器や非耐熱性ガラスの容器、漆器、耐熱温度が120℃未満の樹脂製容器などを使うと、
故障や事故の原因になる場合がありますのでご注意ください。
○ 本文中で表示した電子レンジの調理時間は500Wのものです。600Wの場合は0.8倍、400Wの場合は1.2倍にしてください。

肉じゃが、きんぴら、魚の煮つけ。

「得意な料理は?」と聞かれてこんなおかずが挙げられたら、ずいぶん和食上手な感じがします。こういうシンプルなおかずは、材料も調理の仕方もどうということのないものなのに、苦手だという人が多いのです。

いざつくってみると、なかなか味が決まらない。しょうゆを足したり、砂糖を足したり、ひねくり回しているうちに、「基本の味」から離れていってしまうんですね。

シンプルなおかずなら、味つけも思いきってシンプルにしてみてください。

しょうゆとみりんが1:1。

調味料はそれだけです。薄口しょうゆを使う場合でも、この割合は変わりません。そういうとかならず「お酒は入れないのですか」「お砂糖はいりませんか」という声が聞こえてきます。きちんとしたみりんを使っていれば、酒も砂糖もいりません。みりんというのは、蒸したもち米と米こうじに焼酎などのアルコールを加えて熟成させて絞ったものですから、日本酒の風味と砂糖の甘みの両方を兼ね備えているわけです。ただし、この役割を請け負えるのはきちんとしたみりん、「本みりん」に限ります。「みりん風調味料」はアルコール分が1%未満と低く、うまみや甘みを補うために甘味料などが加えられているので、この割合ではうまいこと「基本の味」を出すことができません。

しょうゆとみりんが1:1。
みりんは本みりんを使うこと。

まずはこの二つを守って、次の料理をつくってみてください。不思議なぐらい味がピタリと決まりますよ。これが和食の「基本の味」。ご飯がどんどんすすむ味です。

1:1 (しょうゆ、みりん)

みりんの話

いい素材を使えば、おいしい料理ができる。それと同じで、いい調味料を使えば、料理の腕がグンと上がります。

私がみなさんにまず見直してもらいたいのは、みりんです。みりんは本来、もち米、米こうじ、焼酎を原料とする甘いお酒、飲み物でした。それが次第に調味料として使われるようになったのですが、酒類の販売に規制ができて、酒屋以外では扱えなくなったため、アルコール度数の低い「みりん風調味料」や塩分を加えて飲めないようにした「発酵調味料」などが造られるようになったわけです。本物のみりんがわざわざ「本みりん」と名のるのは、いろんな親戚ができてしまったからなんですね。

この違いは、一口飲んでみればわかります。おいしいですよ。我が家では、クラッシュアイスでオン・ザ・ロックにすることもあります。何十日もかけて熟成させる間に米が糖化して生み出す、まろやかでふくよかな甘みとうまみ。砂糖やアミノ酸を加えることでは決して出せない複雑な味わいです。みりんの糖分は水分をしっかりつかまえ、料理に美しい照り、つやを出します。また、たんぱく質をギュッとしめる働きがあり、素材の煮くずれを防いでくれます。ただし、長時間調理していると肉や魚を堅くしてしまうので、短時間で仕上げる、あるいは素材にあらかた火を通してから加える必要があることも、覚えておいてください。

味の基本は1：1

肉じゃが

材料も味つけもこの上なくシンプルなレシピですが、こんなに簡単でうまい肉じゃがは、ちょっとほかにありませんよ。

[1:1]
しょうゆ 60ml
みりん 60ml

材料（4人分）
合わせ地［1:1］
- しょうゆ 60ml（大さじ4）
- みりん 60ml（大さじ4）

牛薄切り肉 250g　じゃがいも 3コ　たまねぎ 2コ　絹さや 12枚
○サラダ油
E 270kcal　T 20分

つくり方

1. 合わせ地に水480ml（カップ2・2/5）を混ぜておく。
2. じゃがいもは皮をむいて芽をくり抜き、6〜8等分に切る。耐熱性のボウルに入れてラップフィルムをかけ、約6分間電子レンジにかける(写真①)。
3. たまねぎは縦半分に切り、繊維にそって1cm幅に切る。牛肉は一口大に切る。
4. 鍋にサラダ油少々を熱し、たまねぎとじゃがいもを炒める(写真②)。全体に油がなじんだら1を加える。
5. 牛肉を加えて菜ばしで手早くほぐし(写真③)、強火にして煮立てる。沸いてきたら火を弱め、水でぬらした落としぶたをして(写真④)、約7分間煮込む。
6. 煮汁が1/3量ぐらいになったら落としぶたを取り(写真⑤)、筋を取った絹さやを加え、汁けを飛ばしながら約1分間煮て器に盛る。

① 電子レンジを使えば煮くずれしにくく、下ごしらえの時間もスピードアップ。じゃがいもは後で煮るので少し堅めにしておきます。

② たまねぎとじゃがいもは、サッと炒める程度でよろしい。火を通すのではなく、油をなじませることによってコクを出すのが目的。

③ 煮立てる前に肉を加え、よくほぐしてから火を強めること。煮汁が沸いてから肉を入れると、団子状に固まってしまいますよ。

④ 煮立ったら火を弱めて落としぶたをします。アク取りの必要はありません。木の落としぶたはかならずぬらしてから使いましょう。

⑤ 煮汁がこのぐらい少なくなったら落としぶたを取ります。この後の煮詰め加減は好みで。煮詰めるほどに濃い味に仕上げることができるというわけです。

かれいのうま煮

魚の煮つけも下処理さえきちんとすれば、1:1でおいしくできます。最後に煮汁を回しかけ、照りよくふっくら仕上げましょう。

[1:1]
しょうゆ 60ml
みりん 60ml

材料（4人分）
合わせ地 [1:1]
- しょうゆ 60ml（大さじ4）
- みりん 60ml（大さじ4）

かれい（1切れ約150g）4切れ　ごぼう 1本
絹さや 12枚　しょうが（せん切り）1かけ分
E 180kcal　T 10分

つくり方

1. 合わせ地に水480ml（カップ2・2/5）を混ぜておく。
2. かれいは皮目に切り込みを入れる（写真①）。
3. 鍋に湯を沸かして2をサッとくぐらせ（写真②）、ざるに上げて水けをきる。
4. ごぼうはたわしできれいに洗い、3cm長さに切る。太い部分はさらに縦半分に切る（写真③）。
5. 大きめの鍋に1、3、4を入れ（写真④）、水でぬらした落としぶたをして強火にかける。
6. 絹さやは筋を取り、別の鍋でサッとゆでる。
7. 5の煮汁が1/3量ぐらいになったら、落としぶたを取って火を弱め、かれいに煮汁をかけながら1〜2分間煮詰める（写真⑤）。
8. 6を加えてサッと煮汁をからめ、火から下ろす。

かれいを器にのせてごぼうと絹さやを添え、しょうがのせん切りをあしらう。

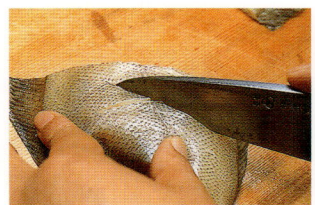
① 皮目に切り込みを入れることを「飾り包丁」といいますが、飾りのためだけではありません。味がしみやすくなり、皮が破けずきれいに仕上がるんです。

② 湯通ししたり熱湯を回しかけて臭みを抜く下ごしらえを「霜降り」といいます（P26参照）。長い時間熱湯につけるとうまみも抜けてしまうので注意。

③ ごぼうはかれいを煮るときの「つきもの」。かれいの臭みを消すと同時にうまみを吸い込んでおいしくなります。

④ かれいが重ならないように、なるべく広口の鍋を使いましょう。一度に並ばない場合は、めんどうでも半量ずつ2回に分けてつくってください。

⑤ 落としぶたを取った後は、煮汁をすくって全体に回しかければ、裏返さなくても味がよくしみます。煮くずれもなく照りよく仕上がりますよ。

青菜と揚げの煮物

関東の肉じゃがに対して、こちらは京都の定番「おばんざい」です。素材の淡い色を生かすため、薄口しょうゆを使います。

[1:1]
薄口しょうゆ 20ml
みりん 20ml

材料（4人分）
合わせ地［1:1］
┌ 薄口しょうゆ 20ml（小さじ4）
└ みりん 20ml（小さじ4）
小松菜 300g　油揚げ（大）2枚　いりこ 10匹
E 90kcal　T 8分

つくり方
1. 小松菜はザク切りにし、水けをよくきる。油揚げは食べやすい大きさに切る。
2. 鍋に水300ml（カップ1・1/2）といりこを入れて火にかける。煮立ったら合わせ地と油揚げを加え、中火で煮る。
3. 油揚げがクタッとなったら小松菜を加え（写真）、しんなりするまで煮る。
4. 器に盛り、あれば青柚子の皮のせん切りをあしらう。

小松菜は、茎と葉の部分を入れるのに
時間差をつけなくてもいいですよ。
葉はクタッと、茎はシャキッと。
歯ごたえの違いがあった方がおもしろいと
思いませんか。

きんぴらごぼう

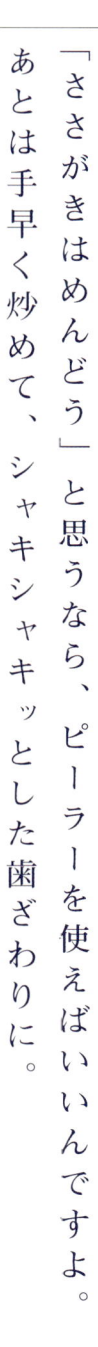

「ささがきはめんどう」と思うなら、ピーラーを使えばいいんですよ。あとは手早く炒めて、シャキシャキッとした歯ざわりに。

[1:1]
しょうゆ 40ml
みりん 40ml

材料（4人分）
合わせ地 [1:1]
　しょうゆ 40ml（カップ1/5）
　みりん 40ml（カップ1/5）
ごぼう 1本　こんにゃく 1/3枚
するめ（またはさきいか）50g　にんじん 4cm
赤とうがらし（輪切り）1/2本分　いりごま（白）適宜
○サラダ油
E 100kcal　T 10分

つくり方
1. ごぼうはたわしできれいに洗い、ピーラーでささがきにして水にさらす。こんにゃくとするめはごぼうと長さをそろえて細切りにする。にんじんはせん切りにし、サッとゆでておく。
2. 鍋にサラダ油少々を熱し、赤とうがらしを炒める。香りが立ったら、こんにゃくを加えて炒める。
3. するめ、にんじん、ごぼうを順に加えながら炒め合わせ、全体に油がなじんだら合わせ地を加える。
4. 汁けがなくなるまで混ぜながら炒め煮し、いりごまをふってサッと混ぜる。

豚の角煮

短時間でできる、かっしりと堅いめの角煮です。とろけるように柔らかいのがお好みなら、圧力鍋で煮るといいですよ。

[1:1]
しょうゆ 50ml
みりん 50ml

材料（4人分）
合わせ地［1:1］
┌ しょうゆ 50ml（カップ1/4）
└ みりん 50ml（カップ1/4）
豚バラ肉（塊）500g　ゆで卵 4コ　練りがらし 適宜
○サラダ油
E 580kcal　T 45分

つくり方
1. 合わせ地に水400ml（カップ2）を混ぜ合わせておく。
2. 豚肉は8等分に切る。サラダ油大さじ1を熱した鍋で肉の表面を焼き、まんべんなく焼き色がついたら、出てきた脂を紙タオルなどに吸わせて取り除く。
3. 2の鍋に1とゆで卵を加え、強火にかける。煮立ったらアクを取り、水でぬらした落としぶたをして中火で40分間煮込む。
4. 汁けがほとんどなくなったら器に盛り、あれば木の芽をあしらい、練りがらしをのせる。

なすとえびそぼろのうま煮

炒める前に、えびと油をよくなじませるのがこつ。えびから出たうまみは、なすがしっかり吸い込みます。

[1:1]
しょうゆ＋薄口しょうゆ 60ml
みりん 60ml

材料（4人分）
合わせ地［1:1］
- しょうゆ・薄口しょうゆ 30ml（各大さじ2）
- みりん 60ml（大さじ4）

なす 4コ　えび（ブラックタイガーなど。正味）200g　みょうが 3コ
○サラダ油　かたくり粉

E 170kcal　T 10分

つくり方
1. 合わせ地に水480ml（カップ2・2/5）を混ぜ合わせておく。
2. えびは殻と背ワタを取り除き、包丁でたたいてミンチ状にする。なすは縦半分に切って長さを半分に切り、1cm幅の棒状に切る。みょうがは小口から薄切りにし、水にさらしておく。
3. フライパンにサラダ油大さじ2を入れ、火にかける前に2のえびを加えてよくなじませる。中火にかけ、菜ばしでほぐしながら炒め、えびが色づいたらなすを加えて炒め合わせる（写真）。
4. なすがしんなりしたら1を加え、煮立ったら火を弱めて約2分間煮る。その間にかたくり粉大さじ3を同量の水で溶いておく。
5. なすに火が通ったら火を強め、4の水溶きかたくり粉を回し入れてとろみをつける。器に盛り、水けをよくきったみょうがをのせる。

えびに火が通ると色が変わって、水けが出てきます。そうしたらなすを加え、からめるように炒め合わせてください。

今度は先ほどの基本の味にもうひとつ別の調味料を加えて、バリエーションを広げていきましょう。

これも割合はいたって簡単、全部同量の1:1:1。

たとえば、しょうゆとみりんに同量の酢を加えれば、まろやかな味わいの酢じょうゆができます。酢の物はもちろん、和風のドレッシングといった感覚で、サラダや豆腐にかけてもおいしいです。この頃は、酢の物を敬遠する人も案外いるようですが、そういう方は酢を見直してみてください。原料が米100パーセントの米酢なら、とんがった酸味やえぐみはつかないものです。ときには酢の代わりにレモンや柚子、かぼすといった、かんきつの絞り汁を使ってみると、酸っぱいだけでなく、香りもいろいろ楽しめますよ。

1:1:1に酒を加えた合わせ地は、照り焼きのたれや肉料理の下味に。酒が入ると肉や魚のにおい消しにもなりますし、うまみもつやもぐっと増す。ほっとするような基本の味に、きりっとした強さが加わるんですね。

それから、練りごま。これは蒸し鶏や蒸しなすにかけたり、野菜のごまあえにしたり。しゃぶしゃぶをするときは、酢の1:1:1と練りごまの1:1:1で、たれが2種類できてしまいますから、市販品のお世話にならんでいいわけです。

1:1:1に酢、酒、ごま。

これでメインのおかずが煮物から焼き物、揚げ物まで広がりましたね。小鉢も一つ二つ、並べられるようになりましたね。

1:1:1

（しょうゆ、みりん、酢〈または酒、ごま〉）

酒の話

みなさん、酒は「飲むもの」と思ってます。ところが私のとこのような料理屋では、お客さんが飲まれる酒よりも調理場で使う酒のほうが、ずっと量が多いです。しょうゆやみりんと比べても多い。

酒の役割はいろいろあります。アルコールの働きによって肉や魚のくさみを取ること、素材を柔らかくしたり味をしみ込みやすくすること。そしてもう一つ、米から生まれた豊かな香りとうまみを加えること。つまり日本料理にとって酒は、だしの一種でもあるんですね。

本みりんに対して「みりん風調味料」なるものがあるように、酒の中にも「料理酒」というものがありますが、熟成させた米の風味が料理をおいしくするわけですから、わざわざ他のうまみを足した酒を使う必要はないと思います。ですから料理に使う酒についてたずねられたとき、私はいつも、「飲める酒を使いなさい」と答えることにしています。一口飲んで、うまいなあと感じる程度のもの。

ただし、うますぎる酒はだめです。高い吟醸酒ならさぞかし料理もうまくなる、と思うのは間違い。吟醸香や余計な甘みが口に残って、でき上がりの味がしつこくなってしまいます。いわゆる紙パックやワンカップのもので充分なのです。

みりんは本みりん。酒は飲める酒。そんなふうに心得てください。

1：1：1でバリエーション

わさび豚

豚肉の冷しゃぶを応用した、サラダ感覚のおかず。ちょっと辛いかなあと思うぐらい、わさびをきかせてください。

材料（4人分）
合わせ酢［1:1:1］
- しょうゆ 120ml（カップ3/5）
- みりん 120ml（カップ3/5）
- 酢 120ml（カップ3/5）

豚もも肉（薄切り）400g　きゅうり 3本　みょうが 4コ　おろしわさび 適宜
E 200kcal　T 8分

つくり方
1. 合わせ酢におろしわさびを加え、よく混ぜ合わせてたれをつくる（写真①）。
2. きゅうりは縦半分に切ってヘタと種の部分を除き（写真②）、斜め薄切りにして冷水にさらす。
3. みょうがも薄い小口切りにして冷水にさらす。
4. 70〜80℃の熱湯（写真③）とたっぷりの氷水を用意する。
5. 4の熱湯に豚肉を広げ入れ、色が変わったら氷水に取る（写真④）。水けをよくふき取り（写真⑤）、一口大に切って1につける。
6. 2のきゅうりの水けを絞って器に広げ、中央に豚肉を盛り、みょうがの水けを絞ってのせる。

［1:1:1］
しょうゆ 120ml
みりん 120ml
酢 120ml

① わさびは生のものをおろすか、市販の練りわさびや粉わさびを使うかによって辛みがだいぶ違うので、味をみながら量を調節してください。

② きゅうりの種の部分は水っぽいので、少し手間ですが、取り除いた方がグンとうまくなりますよ。毛抜きのおしりや小さなスプーンを使うと上手に取れます。

③ 豚肉の甘みやうまみを引き出すには、沸騰直前の熱湯にくぐらせるのがこつ。グラグラ沸いてしまったら、差し水をして温度を下げます。

④ 70〜80℃の熱湯なら、豚肉に火が通り過ぎて堅くなる心配もありません。色が変わったらたっぷりの氷水につけて冷やしましょう。

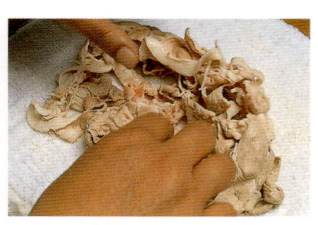

⑤ 豚肉はざるに上げるだけでなく、ふきんなどでしっかり水けをふきます。水けが残っていると、せっかくのたれが薄まってしまいますよ。

大根の和風サラダ

酢の代わりにかんきつ類の絞り汁を混ぜると香りもよく、さわやか。かぼすでも柚子でも、季節のものを使ってください。

[1:1:1]
しょうゆ 20ml
みりん 20ml
かんきつ類の絞り汁 20ml

材料（4人分）
合わせ酢 [1:1:1]
- しょうゆ 20ml（小さじ4）
- みりん 20ml（小さじ4）
- かんきつ類（かぼす、レモンなど）の絞り汁 20ml（小さじ4）

大根 200g　かまぼこ 1/2枚　焼きのり 1枚
おろしわさび 大さじ1　いりごま（白）大さじ1
E 60kcal　T 5分

つくり方
1. 大根は皮をむいて5cm長さ、2～3mm角の棒状に切り、水にさらす。かまぼこも同じ大きさに切る。のりは火で軽くあぶり、もみのりにする。
2. 合わせ酢におろしわさびを混ぜ合わせておく。
3. ボウルに1の大根、かまぼこ、いりごまを入れてざっと混ぜ、2のドレッシングをかけてよくあえる。器に盛り、もみのりを天盛りにする。

たこと長芋の酢の物

たこと長芋、きゅうり。彩りもにぎやか。歯ごたえも三者三様、楽しめます。

材料（4人分）
合わせ酢［1：1：1］
- 薄口しょうゆ 20ml（小さじ4）
- みりん 20ml（小さじ4）
- 酢 20ml（小さじ4）

ゆでだこの足 160g　きゅうり 1/2本
長芋 120g　しょうがの絞り汁 1/2かけ分
E 70kcal　T 5分

つくり方
1. たこは2cm角の乱切り、きゅうりはたこよりひと回り小さい乱切りにする。長芋は皮をむき、きゅうりと同じ大きさに切る。
2. ボウルに合わせ酢としょうがの絞り汁を混ぜ合わせ、1を加えてよくあえる。

［1：1：1］
薄口しょうゆ 20ml
みりん 20ml
酢 20ml

きゅうりとわかめの酢の物

まろやかな合わせ酢にしょうがの絞り汁でアクセントを加えました。

材料（4人分）
合わせ酢［1：1：1］
- 薄口しょうゆ 20ml（小さじ4）
- みりん 20ml（小さじ4）
- 酢 20ml（小さじ4）

きゅうり 4本　塩蔵わかめ 60g
しょうがの絞り汁 1/2かけ分
○塩
E 30kcal　T 7分

つくり方
1. きゅうりは塩を多めにまぶして板ずりし、水で洗う。小口から薄切りにして塩少々をふっておき、水けが出てきたら軽く絞り、かぶるぐらいの水につけてしばらくおく。
2. 塩蔵わかめは水を数回替えて洗いながら戻す。熱湯にサッとくぐらせて水けをよく絞り、一口大に切る。
3. ボウルに合わせ酢としょうがの絞り汁を混ぜ合わせ、水けをよく絞ったきゅうりとわかめを加えてあえる。器に盛り、あれば花穂じその花をむしってあしらう。

［1：1：1］
薄口しょうゆ 20ml
みりん 20ml
酢 20ml

鶏肉の照り煮

鶏肉は厚みを均一にし、切り目を入れてから焼きましょう。こうすると火が通りやすく、味もしみやすく、焼き縮みも防げます。

[1:1:1]
しょうゆ 30ml
みりん 30ml
酒 30ml

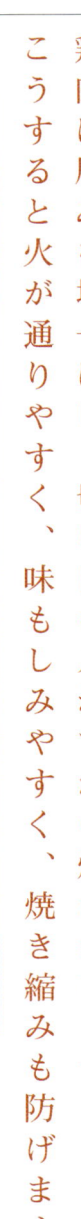

材料（4人分）
合わせ地 ［1:1:1］
- しょうゆ 30ml（大さじ2）
- みりん 30ml（大さじ2）
- 酒 30ml（大さじ2）

鶏もも肉 400g
ししとうがらし 8本
粉ざんしょう適宜
○サラダ油
E 260kcal　T 10分

つくり方
1. 鶏もも肉は厚みに包丁を入れて開き、焼いたとき縮まないようにところどころ切り目を入れる。ししとうがらしは縦に1本切り目を入れておく。
2. フライパンにサラダ油大さじ1を熱し、鶏肉の皮目を下にして入れ、中火で焼く。
3. 皮に焼き色がついたら裏返し、さらに5分間焼いてししとうがらしを加える。合わせ地を回しかけ、汁けをよくからめながら焼く(写真)。
4. 汁けがなくなったら火を止め、鶏肉を食べやすく切って器に盛る。ししとうがらしを添え、粉ざんしょうをふる。

みりんは肉を堅くする性質があります。八分通り火を通してから、合わせ地をからませながら仕上げましょう。

豚肉のしょうが焼き

[1:1:1]
しょうゆ 30ml
みりん 30ml
酒 30ml

しょうがはすりおろしをそのままでなく、絞り汁だけを加えると、仕上がりがきれいです。

材料（4人分）
合わせ地［1:1:1］
- しょうゆ 30ml（大さじ2）
- みりん 30ml（大さじ2）
- 酒 30ml（大さじ2）

豚ロース肉（薄切り）400g
ししとうがらし 12〜16本
しょうがの絞り汁 2かけ分
E 290kcal　T 7分

つくり方
1. 合わせ地にしょうがの絞り汁を混ぜ合わせておく。
2. ししとうがらしはヘタを切り落とす。
3. フッ素樹脂加工のフライパンを熱し、豚肉を広げ入れる。両面が色よく焼けたら1と2を加え、汁けを飛ばしながら火を通す。

豆腐のステーキ

[1:1:1]
しょうゆ 20ml
みりん 20ml
酒 20ml

風味が抜けるので豆腐は水きりしません。水けが出ないうちに、アツアツを食べてください。

材料（4人分）
合わせ地［1:1:1］
- しょうゆ 20ml（小さじ4）
- みりん 20ml（小さじ4）
- 酒 20ml（小さじ4）

豆腐（木綿）1丁
細ねぎ 適宜
削り節 適宜
○薄力粉　サラダ油
E 140kcal　T 5分

つくり方
1. 豆腐は表面の水けをふき、薄力粉を薄くはたく。細ねぎは小口切りにする。
2. フライパンにサラダ油大さじ2〜3を熱し、1の豆腐の両面がきつね色になるまで焼く。合わせ地を注ぎ入れ、豆腐を数回裏返ししながら火を通す。
3. 汁けがほとんどなくなったら器に盛り、削り節と細ねぎをあしらう。

ぶりの照り焼き

魚の照り焼きもフライパン一つで簡単につくることができます。甘辛いたれに、粉ざんしょうがよく合いますよ。

[1:1:1]
しょうゆ 80ml
みりん 80ml
酒 80ml

材料（4人分）
合わせ地 [1:1:1]
- しょうゆ 80ml（カップ 2/5）
- みりん 80ml（カップ 2/5）
- 酒 80ml（カップ 2/5）

ぶり（切り身）4切れ
E 250kcal　T 7分

つくり方
1. フッ素樹脂加工のフライパンを強火で熱し、ぶりを並べ入れ、両面に手早く焼き色をつける。
2. 中火にして合わせ地を注ぎ入れ、ぶりにからめながら火を通す。
3. 汁けが煮詰まってぶりに照りが出たら器に盛り、残った汁をかけ、好みで粉ざんしょうをふる。
いんげんのごまあえ（P24参照）を添えてもよい。

鶏のから揚げ

鶏肉は思ったより火が通りにくいものです。油は低温。弱火でじっくり、ゆっくり揚げれば失敗しません。

[下味]
しょうゆ 10ml
みりん 10ml
酒 10ml

材料（4人分）
合わせ地 ［1:1:1］
- しょうゆ 10ml（小さじ2）
- みりん 10ml（小さじ2）
- 酒 10ml（小さじ2）

鶏もも肉 500g
溶き卵 1/2コ分
しょうがの絞り汁 少々
にんにく（すりおろし）小さじ1/2
レモン 適宜
○かたくり粉　揚げ油
E 360kcal　T 15分

つくり方

1. 鶏肉は大きめの一口大に切る。
2. ボウルに合わせ地と溶き卵、しょうがの絞り汁、にんにくを入れて混ぜる。鶏肉を加えて手でよくもみ込み（写真）、そのまま5分間ほどおいて味をなじませる。
3. 2の汁けがなくなるまでかたくり粉を少しずつふり入れ、ざっと混ぜ合わせる。
4. 揚げ油を165℃に熱し、3の肉をじっくりと揚げる。きつね色に色づいて油のはねる音が小さくなったら火を強め、カリッとさせてから引き上げる。
5. 油をきって器に盛り、くし形に切ったレモンを添える。

から揚げのおいしさは、肉に下味がしっかりついているかどうかで決まります。手でよくもみ込んだ後、しばらくおいてからかたくり粉をまぶしてください。

いんげんのごまあえ

香ばしく、こくのあるごまあえをつくるこつは二つ。野菜の水けをよくきること。そして、食べる直前にあえること。

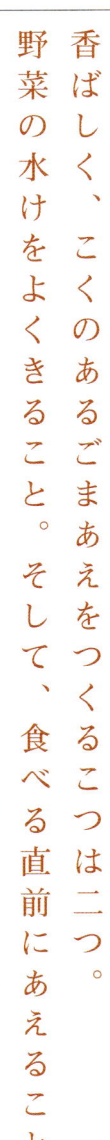

[1:1:1]
しょうゆ 50ml
みりん 50ml
練りごま 50ml

材料（4人分）
ごまだれ［1:1:1］
- しょうゆ 50ml（カップ1/4）
- みりん 50ml（カップ1/4）
- 練りごま（白）50ml（カップ1/4）

さやいんげん 40本　いりごま（白）適宜
○塩

E 130kcal　T 5分

つくり方
1. さやいんげんは両端を切り落とし、長さを半分に切る。塩少々を加えた熱湯でサッとゆで、冷水に取って冷やし、しっかり水けをきる。
2. ボウルにごまだれの材料を混ぜ合わせる。
3. 食べる直前に2に1を加えてあえる。器に盛り、いりごまをふる。

蒸しなすのごまだれ

蒸しなすといっても蒸し器を使わないかんということはありません。電子レンジでも色よくふっくらできますよ。

[1:1:1]
しょうゆ 60ml
みりん 60ml
練りごま 60ml

材料（4人分）
ごまだれ［1:1:1］
- しょうゆ 60ml（大さじ4）
- みりん 60ml（大さじ4）
- 練りごま(白) 60ml（大さじ4）

なす 4コ
○塩
E 150kcal　T 8分

つくり方
1. なすはヘタを取って縦半分に切り、色が悪くなるのを防ぐため、切り口に塩少々をふる。耐熱性の容器に入れ、ラップフィルムをかけ、電子レンジに6分間かける。
2. なすの荒熱が取れたら、さらに縦4等分にし、食べやすい長さに切る。
3. ごまだれの材料を混ぜ合わせて器に適量を敷き、2をのせ、残りのごまだれを上からかける。

1：1という簡単な割合で、おいしい煮物がいくつもできました。ここでひとつ、このマジックの種明かしをしましょう。

じつは煮物には、しょうゆとみりんにもうひとつ、必要なものがあります。そう、煮汁のもとになる水分です。この水分量を仲間に入れた割合の代表が、この章で覚える1：1：8。

原則として、1：1：8の8は「だし」です。1：1の煮物のときは、だしの代わりに水を使っていたんですね。煮汁の少ないいり煮のきんぴらや煮汁をたっぷり残す青菜と揚げの煮物は例外ですが、さきほどの肉じゃがやかれいの煮物にも、しょうゆ、みりんの8倍に当たる水（鍋に入れて具にかぶるか、かぶらないかくらい）を加えて煮ています。肉や魚から味が出たり、いりこを加えて風味を出したりするような煮物だったので、だしを使わなくてもよかったわけです。

まず始めは、だしを使った1：1：8で、かつおや昆布の風味のきいた煮物をつくってみましょう。章の後半では、8の水分を酒4＋水4にして、魚の煮物を作ります。魚と魚の味が重なってしまうので、ここではかつおのだしは使いません。

酒は魚のくさみを取り、肉質を柔らかくしてくれると同時に、うまみを加えてくれます。同量の酒と水で、かつおだしとは違ったタイプのだしを作ると考えてください。料理屋でするように水分の全量を酒にしてもいいのですが、魚のおいしさを引き出すのなら、酒と水半々でじゅうぶんです。

1：1：8と、その変形の1：1：4：4。数字も増えて、ちょっと理屈も出てきて、お勉強っぽくなりましたか。作り方は1：1と同じですから、やってみればどうということもありません。最後は落としぶたを取って煮詰め、煮汁をからませるように仕上げます。慣れてくればありあわせの材料でも、おいしい煮物が作れるようになりますよ。

1:8

（しょうゆ、みりん、だし）

霜降りの話・落としぶたの話

材料を入れるのは煮汁が煮立ってから…でなくてよろしい。

煮立ってきたらアクを…取らなくて結構。難しく考えないで、パッパッといきましょう。野菜の下ごしらえもピーラーや電子レンジ、便利なものはなんでも使って楽したらいいんですよ。その代わり、ここだけは手をかけてやる、というポイントが二つあります。

一つは「霜降り」。くさみや脂のある魚や肉は、いったん湯通しするか熱湯を回しかけておく。表面がうっすら白くなることから、「霜降り」といいます。こうして表面のたんぱく質を固めてうまみを閉じ込め、まわりの汚れやぬめりを落としておけば、生臭みが出ませんし、煮ている間にアクをすくう手間も省けます。

もう一つは「落としぶた」。アルミホイルなどで代用する方法もありますが、材料がゴトゴト動いて煮崩れるのを押さえつつ煮汁を全体に回すためには、やはりほどよく重い木の落としぶたを一つ、用意してほしいです。煮汁がしみ込んでにおいが移らないよう、水でよくぬらしてから使い、洗った後は必ず陰干し。天日干しでは木が反り返ってしまいますよ。

実際には、落としぶたをした方がよい煮物と、しなくてよい煮物がありますが、どちらかわからなくなったときは、とりあえず落としぶたをしたほうが失敗はありません。「迷ったら、落としぶた」と覚えてください。

1：1：8で煮物上手

里芋の煮っころがし

里芋はぬめりがあって、皮をむくのはめんどうなもの。電子レンジを上手に使えば、簡単にきれいにできます。

材料（4人分）
合わせ地 ［1:1:8］
- しょうゆ 50ml（カップ1/4）
- みりん 50ml（カップ1/4）
- だし 400ml（カップ2）

里芋（小）24コ　さやいんげん 16本
E 110kcal　T 18分

つくり方
1. 里芋は洗って耐熱性の器に入れ、ラップフィルムをかけて電子レンジに20秒間かける。
2. 荒熱が取れたらスプーンやふきんなどで皮をこそげ取り（写真①）、再び電子レンジに5分間かける（写真②）。
3. さやいんげんは両端を切り落とし（写真③）、長さを半分に切る
4. 鍋に合わせ地と里芋を入れて中火にかけ、水でぬらした落としぶたをする。5分間ほど煮て煮汁が半分になったらふたを取り（写真④）、さらに3〜4分間煮る。
5. 里芋に照りがついたらさやいんげんを加え（写真⑤）、味をからめながらサッと火を通す。

［1:1:8］
しょうゆ 50ml
みりん 50ml
だし 400ml

① 里芋はぬめりがあって、包丁で皮をむくのはいやだなあと思うでしょう。電子レンジにちょっとかけて柔らかくすれば、簡単にこそげ取れます。

② 皮をむいてから、もう一度電子レンジに。ゆでこぼしたりしてぬめりを取る手間も省いてしまいましょう。

③ さやいんげんは下ゆでなし。料理屋では青々とした色を出したいので塩ゆでしますが、家庭ではそんな手をかけんでもいいと思います。

④ 最初は落としぶたをして煮汁を全体に回します。煮汁の量がこのぐらいに減ったらふたを取り、今度は汁けをとばしていきます。

⑤ さやいんげんを加え、緑が鮮やかになったらでき上がり。色が悪くなるまで火を通すと、歯ごたえもなくなりますよ。

そぼろいも

じゃがいもはくずれるかくずれないかという煮え加減で。落としぶたで煮汁を回し、鍋を返しすぎないこと。

[1：1：8]
しょうゆ 50ml
みりん 50ml
だし 400ml

材料（4人分）
合わせ地 [1：1：8]
- しょうゆ 50ml（カップ1/4）
- みりん 50ml（カップ1/4）
- だし 400ml（カップ2）

じゃがいも 500g　牛ひき肉 200g
E 230kcal　T 20分

火にかける前に、ひき肉に合わせ地を少し加えてよくほぐしておくと、ダマにならず、きれいなそぼろができます。

つくり方
1. ボウルに合わせ地をつくり、カップ3/4を取り分けておく。
2. じゃがいもは皮をむいて4～6等分に切る。耐熱性の器に入れてラップフィルムをかけ、電子レンジに6分間かける。
3. 鍋にひき肉と1で取り分けた合わせ地を入れてよくほぐしてから（写真）、強火にかけ、木べらで混ぜながら煮る。
4. 肉に火が通って白っぽくなったら残りの合わせ地とじゃがいもを加え、水でぬらした落としぶたをして、強火で10分間ほど煮る。
5. 煮汁の量が1/4ぐらいになったらふたを取り、こげないように木べらで混ぜる。じゃがいもに味がよくしみたら、汁ごと器に盛り、あれば木の芽をあしらう。

たけのこの土佐煮

土佐煮とは、煮汁に削り節を加えてかつおのうまみをきかせた煮物。あしらいに木の芽をのせてどうぞ。

[1:1:8]
しょうゆ 30ml
みりん 30ml
だし 240ml

材料（4人分）
合わせ地 [1:1:8]
- しょうゆ 30ml（大さじ2）
- みりん 30ml（大さじ2）
- だし 240ml（カップ1・1/5）

たけのこ（ゆでたもの）400g
削り節 ひとつかみ
木の芽 適宜
E 50kcal　T 15分

つくり方
1. たけのこは根元に近い部分は1cm厚さの輪切りにし、両面の中央に1本ずつ（合わさると十字になるように）切り込みを入れる。先端は縦4等分に切る。
2. 鍋に合わせ地とたけのこを入れて中火にかけ、煮立ったら水でぬらした落としぶたをして8分間ほど煮る。
3. たけのこに味がしみたら削り節を加え、鍋をゆすって全体にまぶす。器に盛り、木の芽をのせる。

煮しめ

野菜の色をきれいに見せるため、しょうゆの半量を薄口に。昆布はだしを取った後のものを使ってもいいですよ。

[1:1:8]
薄口しょうゆ
しょうゆ 60ml
みりん 60ml
だし 480ml

材料（4人分）
合わせ地 [1:1:8]
- 薄口しょうゆ 30ml（大さじ2）
- しょうゆ 30ml（大さじ2）
- みりん 60ml（大さじ4）
- だし 480ml（カップ2・2/5）

昆布 30cm
干ししいたけ（小）8枚
にんじん 1本
ごぼう 1本
れんこん 1/2節
里芋（小）12コ
絹さや 12枚
○塩
E 130kcal　T 25分

つくり方
1. 昆布はしんなりするまで水につけておき、15cm長さ、1.5cm幅に切ってひと結びする。干ししいたけは耐熱性の容器に入れてぬるま湯をヒタヒタに加え、ラップフィルムをかけて電子レンジに2分間かける。粗熱が取れたら、石づきを切り落とす。
2. にんじん、ごぼうは皮をむいて乱切りにする。
3. れんこんは皮をむいて1cm厚さの輪切りにし、耐熱性の容器に入れてラップフィルムをかけ、電子レンジに約5分間かける。里芋は電子レンジに約20秒間かけ、ふきんで皮をこそげ取ってから再び電子レンジに4分間かける。
4. 絹さやは筋を取り除き、サッと塩ゆでして冷水に取り、水けをきる。
5. 鍋に合わせ地と1、2、3の材料を入れて強火にかけ、煮立ったらアクを取り、中火にする。水でぬらした落としぶたをし、約10分間煮て野菜が柔らかくなったら火から下ろし、そのまま冷ます。
6. 器に盛って4の絹さやを添え、あれば木の芽をあしらう。

鶏ごぼう

この煮物は、煮汁を残さず、肉とごぼうにできるだけしっかりからめたほうがおいしいです。粉ざんしょうがぴったり。

[1:1:8]
しょうゆ 90ml
みりん 90ml
だし 720ml

材料（4人分）
合わせ地 [1:1:8]
- しょうゆ 90ml（大さじ6）
- みりん 90ml（大さじ6）
- だし 720ml（カップ3・3/5）

鶏もも肉 600g
ごぼう 3本
粉ざんしょう・木の芽 各適宜
E 370kcal　T 20分

つくり方
1. 鶏もも肉は一口大に切り、熱湯にくぐらせて霜降りにする（写真。P26参照）。ごぼうはたわしで皮をこそげてきれいに洗い、太ければ縦半分にし、3cm長さに切る。
2. 鍋に合わせ地と1の材料を入れ、水でぬらした落としぶたをして強火にかける。沸騰したら中火にし、約15分間煮る。
3. 煮汁の量が1/3ぐらいになったらふたを取り、鍋をゆすりながら煮汁をからめる。煮汁がほとんどなくなったら器に盛り、粉ざんしょうをふって木の芽をあしらう。

魚を煮るときと同様、鶏肉もサッと湯にくぐらせて霜降りをすると汚れや余分な脂を落とし、表面を固めてうまみを閉じ込めることができます。

きのこと鶏肉の煮物

きのこは煮るとかさがぐっと減りますから、たくさん用意して。むき甘栗は、コンビニなどで買える小袋でじゅうぶんです。

[1:1:8]
しょうゆ 30ml
みりん 30ml
だし 240ml

材料（4人分）
合わせ地 [1:1:8]
　しょうゆ 30ml（大さじ2）
　みりん 30ml（大さじ2）
　だし 240ml（カップ1・1/5）
生しいたけ 12枚　えのきだけ 1袋　なめこ 1袋
鶏もも肉 200g　むき甘栗 50g　絹さや 12枚
E 170kcal　T 25分

つくり方
1. 生しいたけは石づきを取り、4等分に切る。えのきだけは根元の堅い部分を切り落とし、長さを半分に切ってほぐす。なめこは流水で洗ってぬめりをざっと落とす。
2. 鶏肉は一口大に切り、熱湯にサッとくぐらせて霜降りをし（P26参照）、紙タオルで水けと汚れを取っておく。
3. 鍋に合わせ地と1、2と甘栗を入れ、強火にかける。煮立ったら中火にし、煮汁がほとんどなくなるまで約20分間煮る。
4. 筋を取った絹さやを加えてサッと火を通し、器に盛り、好みで粉ざんしょうをふる。

豆腐といかの煮物

いかは最後に加えて5分間ほど煮れば、堅くなりすぎることもありません。いかのうまみが焼き豆腐にしみていい味に。

[1:1:8]
しょうゆ 45ml
みりん 45ml
だし 360ml

材料（4人分）
合わせ地［1:1:8］
- しょうゆ 45ml（大さじ3）
- みりん 45ml（大さじ3）
- だし 360ml（カップ1・4/5）

焼き豆腐 1丁　するめいか 2はい
E 180kcal　T 15分

つくり方
1. 焼き豆腐は12等分に切る。するめいかは内臓を取り除いてきれいに洗い、胴は1cm幅の輪切りにし、足は2〜3本ずつに切る。
2. 鍋に合わせ地と焼き豆腐を入れ、水でぬらした落としぶたをして強火にかける。煮立ったら中火にし、約5分間煮る。
3. いかを加え、さらに5分間煮る（写真）。器に盛り、あれば木の芽をあしらう。

いかは堅くならないように、最後に加えます。
この煮物をつくるときは、落としぶたを最後まではずさないでください。

ぶり大根

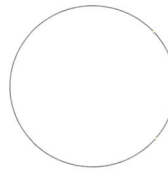

定食屋や居酒屋で人気のぶり大根も、ちゃんと家でつくれます。アラはアクや汚れが多いので、霜降りをていねいにするのがこつ。

[1:1:4:4]
しょうゆ 60ml
みりん 60ml
酒 240ml
水 240ml

魚の煮物は 1:1:4:4

材料（4人分）
合わせ地 ［1:1:4:4］
- しょうゆ 60ml（大さじ4）
- みりん 60ml（大さじ4）
- 酒 240ml（カップ1・1/5）
- 水 240ml（カップ1・1/5）

ぶりのアラ 1匹分（約600g）　大根 1/2本
○塩
E 340kcal　T 30分

つくり方

1. ぶりは食べやすい大きさに切る。
2. 大根は2cm厚さの輪切りにして厚めに皮をむき、大きいものは半分に切る。耐熱性の容器に入れて水少々をふり、ラップフィルムをかけて電子レンジに8分間かける（写真①）。
3. 鍋にたっぷり湯を沸かして塩を多めに加え、ぶりをくぐらせる（写真②）。表面が白くなったらすぐ氷水に取ってぬめりや血を落とし（写真③）、ふきんに並べて水けを取る。
4. 鍋に合わせ地とぶりを入れ（写真④）、大根の水けをきって加える。水でぬらした落としぶたをし、中火で約20分間煮る。
5. 煮汁の量が1/4ぐらいになったらふたを取り、材料に煮汁を回しかけながら煮詰める（写真⑤）。器に盛り、鍋に残った汁をかける。

大根は外側の繊維が堅いので、厚めに皮をむきますが、捨ててはもったいないですよ。刻んで塩をふって水で洗い、ギュッと絞ったものを使ってきんぴらにしてはどうですか。味つけはしょうゆとみりんの1:1でできます。

① 下ゆでに電子レンジを使えば、煮くずれる心配はありません。面取りはしなくても大丈夫。

② アラを使うので霜降り（P26参照）はしっかりと。この熱湯に塩を入れるのは沸点を高くするためです。

③ 中まで火を通すのが目的ではないので、表面が白くなったらすぐに氷水へ。汚れをていねいに洗ってください。

④ 魚は最初から煮汁に入れてかまいません。煮立ってからでは、皮がそり返って身がくずれてしまいますから。

⑤ このぐらいになれば大根にも味がしみています。煮汁をすくってかけながら、好みの加減に煮詰めてください。

26ページでも述べましたが、魚を煮るときは1：1：8のだしを酒と水に代えた合わせ地にします。材料が魚ですから、かつおと昆布のだしではなく、魚のくさみを取り、熟成した米のうまみをプラスしてくれる「酒のだし」を使うというわけです。魚はどんなものでもよいですが、霜降りをしたり、から揚げにするなど、下ごしらえしてから煮てください。

いわしのしょうが煮

においけしのしょうがをたっぷりと。いわしのサイズが大きい場合は骨が堅いので、合わせ地に酢を少々加えて煮てください。

[1:1:4:4]
しょうゆ 30ml
みりん 30ml
酒 120ml
水 120ml

材料（4人分）
合わせ地 ［1:1:4:4］
- しょうゆ 30ml（大さじ2）
- みりん 30ml（大さじ2）
- 酒 120ml（カップ3/5）
- 水 120ml（カップ3/5）

いわし（小）20匹（600g）　しょうが 2かけ
E 230kcal　T 25分

つくり方
1. いわしはウロコ、頭、内臓、尾を取り除き（写真）、流水で洗って水けをふき取る。
2. しょうがは皮をこそげ取り、1かけは薄切り、もう1かけはせん切りにして水にさらす。
3. 鍋にいわしを並べ、しょうがの薄切りをのせ、合わせ地を注ぐ。
水でぬらした落としぶたをし、中火にかける。
4. 煮汁が半分ぐらいになったらふたを取り、煮汁を回しかけながら10～15分間煮詰める。
5. 煮汁ごと器に盛り、しょうがのせん切りの水けをよくきってのせる。

いわしはウロコを取ったあと、エラの部分に包丁を入れて頭を引っ張るとワタが取れます。

魚の煮物は1:1:4:4

さわらとわかめのあっさり煮

春が旬のさわらとわかめをあっさりと煮ましょう。あまり煮詰めすぎないほうがおいしく、見た目もきれいです。

材料（4人分）
合わせ地［1:1:4:4］
  ┌ しょうゆ 40ml（カップ1/5）
  │ みりん 40ml（カップ1/5）
  │ 酒 160ml（カップ4/5）
  └ 水 160ml（カップ4/5）
さわら 4切れ　生わかめ 150g
E 170kcal　T 15分

つくり方
1. さわらは熱湯にくぐらせて霜降りをし（P26参照）、ざるに上げる。わかめは茎の堅い部分を取り、食べやすい大きさに切る。
2. 鍋にさわらを並べ入れて合わせ地を加え、中火で8分間ほど煮る。
3. 煮汁が半量ぐらいになったらわかめを加え（写真）、色が変わる程度に煮る。器に盛って煮汁をかけ、あれば柚子の皮のせん切りをあしらう。

煮上がりにわかめを加えてサッと火を通したらでき上がり。あまり煮詰めず、汁を多めに残します。

［1:1:4:4］
しょうゆ 40ml
みりん 40ml
酒 160ml
水 160ml

さんまの揚げおろし煮

カラリと揚げたさんまをサッと煮て、大根おろしをどっさり。塩焼きばかりでなく、たまにはこんな煮物にしては。

材料（4人分）
合わせ地 ［1:1:4:4］
- しょうゆ 30ml（大さじ2）
- みりん 30ml（大さじ2）
- 酒 120ml（カップ3/5）
- 水 120ml（カップ3/5）

さんま 4匹　大根 1/2本　みつばの軸 1/2ワ分
○薄力粉　揚げ油
E 430kcal　T 20分

［1:1:4:4］
しょうゆ 30ml
みりん 30ml
酒 120ml
水 120ml

つくり方
1. 大根は皮をむいておろす。みつばの軸は3cm長さに切る。
2. さんまは包丁の背でウロコを取って頭と尾を切り落とす。腹に切り込みを入れて内臓を取り、流水できれいに洗って、4等分の筒切りにする。
3. 2の水けをよくふき取って薄力粉をつけ、余分な粉をはたく。170℃に熱した揚げ油に入れ、4〜5分間じっくりと揚げる。
4. 鍋に合わせ地を入れて煮立て、3を加えて中火で約3分間煮る。
5. 煮汁が半分になったら1を加え、サッと煮て汁ごと器に盛る。

あれば、青柚子の皮のせん切りをあしらう。

魚の煮物は1:1:4:4

さばのごま煮

煮物の味にちょっと変化をつけたいときは、練りごまが便利。
しょうゆやみりんと同量を加え、ほどよいとろみと風味をつけます。

［1:1:4:4］
しょうゆ 30ml
みりん 30ml
酒 120ml
水 120ml

材料（4人分）
合わせ地［1:1:4:4］
- しょうゆ 30ml（大さじ2）
- みりん 30ml（大さじ2）
- 酒 120ml（カップ3/5）
- 水 120ml（カップ3/5）

さば（切り身）4切れ
練りごま（白）大さじ2
いりごま（白）適宜
○塩

E 230kcal　T 20分

つくり方
1. さばは皮目に格子状の切り目を入れ、塩を多めに加えた熱湯にくぐらせて霜降りをし（P26参照）、ふきんで押さえて水けを取る。
2. 鍋に合わせ地の材料を入れて練りごまを加え、さばの皮目を上にして入れる（写真）。火にかけて水でぬらした落としぶたをし、煮立ったら中火にして約10分間煮る。
3. 煮汁の量が1/3ぐらいになったらふたを取り、煮汁を回しかけながらさらに5分間ほど煮る。器に盛り、煮汁をかけていりごまをふる。

魚の切り身は皮目を上にして煮ると仕上がりがきれい。裏返さなくても、落としぶたで煮汁が上に回ります。

さばのみそ煮

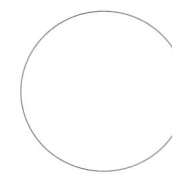

みそは種類によって塩分の量が違います。辛くなりすぎないように味をみながら煮詰めていくようにしてください。

[2:1:4:4]
みそ 60ml
みりん 30ml
酒 120ml
水 120ml

しょうゆの代わりにみそを使うときは

材料（4人分）
合わせ地［2:1:4:4］
├ みそ 60ml（大さじ4）
├ みりん 30ml（大さじ2）
├ 酒 120ml（カップ3/5）
└ 水 120ml（カップ3/5）
さば（切り身）4切れ　しょうが 1かけ　ねぎ 2本
○塩
E 210kcal　T 25分

つくり方

1. さばは皮目に格子状の切り込みを入れ（写真①）、塩適宜を加えた熱湯にくぐらせる（写真②）。表面が白くなったら氷水に取って指でアクを落とし、ふきんで押さえて水けを取る。

2. しょうがは薄切り、ねぎは5～6mm幅の斜め切りにする。

3. フッ素樹脂加工のフライパンを中火で熱し、さばの皮目を下にして並べる（写真③）。そのままじっくりと焼き、皮に焼き色がついたら裏返す。

4. もう片面も焼けたら合わせ地を注ぎ、2のしょうがを加える。水でぬらした落としぶたをし（写真④）、3～4分間煮る。

5. 煮汁が半分ぐらいになったらふたを取り、煮汁を回しかけながらさらに3分間ほど煮る（写真⑤）。

6. 煮汁がほとんどなくなったらあいているところにねぎを入れ、サッとからめて火を通す。器に盛って煮汁をかける。

① 皮目に隠し包丁を入れておくと、火を通したとき皮がそり返らないので身がくずれにくく、味もよくしみ込みます。

② 魚のアラや青魚の切り身は、塩を加えて沸点を上げた熱湯にくぐらせて霜降りをすると、きちんと臭みが抜けます。

③ まず皮目をこんがりと焼くのがきれいに仕上げるポイント。樹脂加工でないフライパンを使うときは、油を少々ひいてください。

④ 煮ている間は皮目が上。落としぶたをすれば煮汁が上にも回るので、いちいちひっくり返す必要はありません。

⑤ さばを一度焼いているので、短い時間で火が通ります。あとは好みの味加減になるまで、煮汁をかけながら煮詰めてください。

和食の味つけでもうひとつ忘れてはならないのが、みそ味。今までの割合では、しょうゆが塩味と熟成した大豆の風味をつける役割をしてきました。しょうゆとみそをバトンタッチさせる場合、残念ながら基本の割合からは外れてしまいますが、みそ煮も田楽、酢みそあえも覚えやすい数字ですので、番外編として紹介しておきましょう。素材が変わっても応用できます。

なすの田楽

こんにゃく、豆腐の田楽やふろふき大根にも使えるみそです。ときには練りごまを加えたり、味に変化をつけてみましょう。

[1:1:1]
白みそ 120ml
みりん 120ml
酒 120ml

材料（4人分）
田楽みそ［1:1:1］
― 白みそ 120ml（カップ3/5）
― みりん 120ml（カップ3/5）
― 酒 120ml（カップ3/5）
なす 4コ
○サラダ油
E 210kcal　T 18分

つくり方
1. 鍋に田楽みその材料を入れて混ぜ合わせ、中火にかける。こげないように木べらでたえず混ぜながら、鍋底に線が残るぐらい（写真）の堅さになるまで7～8分間練る。
2. なすはヘタを取って縦半分に切り、断面に竹ぐしを刺して全体に穴をあけておく。
3. フライパンにサラダ油大さじ2を熱し、なすの断面を下にして並べ、弱火で3分間ほどじっくりと焼く。裏返して皮目も同様に焼き、断面に1のみそを塗る。
4. オーブントースターの天板にオーブン用の紙を敷いて3を並べ、表面に焼き色がつくまで焼く。器に盛り、あれば青柚子の皮、いりごま、木の芽などをあしらう。

みそはこげやすいので、鍋底からしっかり混ぜていきます。練り上げる堅さは木べらの跡が底に残るぐらいが目安。冷めるともう少し堅くなります。

わけぎといかのぬた

田楽みそも酢みそも、火にかけて炊いたみそはとても長もちします。多めに作って冷蔵庫で保存すれば、いつでも使えますよ。

[1:1:1:1]
白みそ 45ml
みりん 45ml
酒 45ml
酢 45ml

材料（4人分）
酢みそ［1:1:1:1］
　┌ 白みそ 45ml（大さじ3）
　│ みりん 45ml（大さじ3）
　│ 酒 45ml（大さじ3）
　└ 酢 45ml（大さじ3）
わけぎ 1ワ
いか（胴）150g
練りがらし 適宜
○酒　薄口しょうゆ
E 100kcal　T 12分

つくり方
1．わけぎは葉先と根を切り落とし、熱湯でサッとゆでて冷水に取り、冷めたらまな板に並べる。青い部分と白い部分の境目にすりこ木を当て、葉先の方へ転がしてぬめりをしごき出し、4cm長さに切る。
2．いかは皮をむいて3cm長さの棒状に切る。鍋に酒カップ1/4と薄口しょうゆ少々を煮立てていかを加え、はしで混ぜながら火を通す。表面が白くなったらざるに上げて水けをきる。
3．鍋に白みそ、みりん、酒を入れて混ぜ合わせ、弱火にかける。こげないように木べらでたえず混ぜながら、もとの白みその堅さになるまで練り上げる。酢を加えてさらに練り混ぜて火から下ろし、冷めたら練りがらしを加えて好みの辛さに調える。
4．3に1と2を加えてあえ、器に盛り、あれば陳皮少々をあしらう。

野菜と肉の煮物や魚の煮つけが上手につくれるようになったら、ぜひともチャレンジしてもらいたいのが、ひじきや切り干し。乾物やおからの煮物はメインのおかずにはなりませんが、これぞ和食、おふくろの味、といったところでしょうか。おそうざい屋さんでも人気の料理です。

昔はどこの家にも乾物を入れておく缶があって、ひじきやら、豆やら、かんぴょうや、カラカラしたもんがいろいろ入ってたものです。水で戻してサッと炊いたら、経済的で栄養のある常備菜がたっぷりできます。

このときの割合は、1:1:10。

1:1:8よりだしの割合が多め。つまり、肉じゃがや煮しめより、仕上がりの味はあっさり、薄めということです。

そんな、いろいろ覚えたくない。1:1:8ではだめですか。そういいたくなる気持ちもわかります。

8と10なら煮詰め加減でどうにかなりそうな気がします。ところが、乾物やおからはそれ自体の持ち味が淡泊なので、1:1:8ではしょうゆとみりんの味ばかりがきつく際立ってしまうのです。

メインのおかずは1:1:8。
そしてときどき、1:1:10を思い出してください。乾物の缶を開けて、日本のおそうざいをつくってみてください。

1:1:10

(しょうゆ、みりん、だし)

だしの話 1

料理屋では毎日、昆布とかつおの削り節でだしを取ります。煮物にも、吸い物にも、何にでも使うわけですから、たっぷりのだしがなくては始まりません。そして、このだしがうまくなければ、どうしようもない。

でも家庭では、煮物一品のためにわざわざだしを取るのはめんどうでしょう。だしがめんどうだから煮物は作らない、というのでは意味がないですから、時間がなければインスタントだしを使ってもよろしい。私はそう思います。思うけれどもやっぱり、できればきちんとだしを取ってほしい。煮物のでき上がりが全然違ってくるんですよ。とんがった味、舌に残る味のない、すっきりしたおいしさです。

次の方法で1リットルのだしが取れますから、余ったら冷蔵庫で保存するなり製氷器で凍らせるなりして、有効に使ってください。冷蔵で2日間が使いきりの目安で、密封して冷凍すれば3か月はもちます。

[本格だしの取り方(1リットル分)]
① 鍋に水カップ6、ぬれぶきんでふいた昆布(15×10cm)を2枚入れて弱火にかける。
② 昆布のまわりに出てくる小さい泡が勢いよくなったら引き上げ、すぐ火を止める。削り節二つかみ(27g)を加え、すぐにふきん(または紙タオル)を敷いたこし器を通す。このとき、削り節をはしで押したり絞ったりせず、こし器をボウルにのせたまま、自然に水分が落ちるのを待つこと。

1：1：10で乾物上手

ひじきの煮つけ

ひじきは煮汁を残して仕上げ、そのまま冷ましながら味を含ませるようにするとおいしいです。

材料（4人分）
合わせ地［1：1：10］
- しょうゆ 30ml（大さじ2）
- みりん 30ml（大さじ2）
- だし 300ml（カップ1・1/2）

ひじき(乾) 25g　油揚げ 1/2枚　にんじんの皮 1本分
○サラダ油
E 45kcal　T 20分

つくり方

1. ひじきはサッと洗い、耐熱性の容器に入れて水をたっぷり加える(写真①)。ラップフィルムをかけて電子レンジ(弱)に3分間かけ(写真②)、ざるに上げて水けをきっておく。

2. 油揚げは縦半分に切り、6〜7mm幅に切る。にんじんは皮をピーラーで薄くむき、同じ幅に切る(写真③)。

3. 鍋にサラダ油少々を熱してにんじんを炒め、油が回ったらひじきを加え、さらに炒める(写真④)。油揚げを加えてサッと混ぜ、合わせ地を注ぐ。

4. 煮立ったら火を弱め、水でぬらした落としぶたをして約10分間煮たらふたを取り、菜ばしで混ぜて好みの加減に汁けをとばす(写真⑤)。

時間があればそのまま冷まして器に盛り、あれば木の芽をあしらう。

ひじき
ひじきは芽、主軸、枝と部分別に乾燥して製品にします。写真のように細かい芽は「芽ひじき」、大きい枝は「米ひじき」。料理屋では「長ひじき」という主軸部分をよく使いますが、家庭ではどれでも扱いやすいものをどうぞ。

［1：1：10］
しょうゆ 30ml
みりん 30ml
だし 300ml

① ひじきを戻す水はたっぷり。だいたいひじきの10倍量ぐらいが目安です。

② そのまま水につけておいてもいいのですが、電子レンジならあっという間。こんなにふっくら戻ります。

③ にんじんは彩りなので皮だけでもじゅうぶんです。にんじんって意外に皮の部分がおいしいものですよ。

④ 野菜、ひじき、油揚げの順に加えながら炒め、油揚げがクタッとするかしないかぐらいで合わせ地を注ぎます。

⑤ 煮汁はすっかりとばしてしまわなくてもいいです。煮汁が少し残っているほうが冷めたとき味のバランスがよくなります。

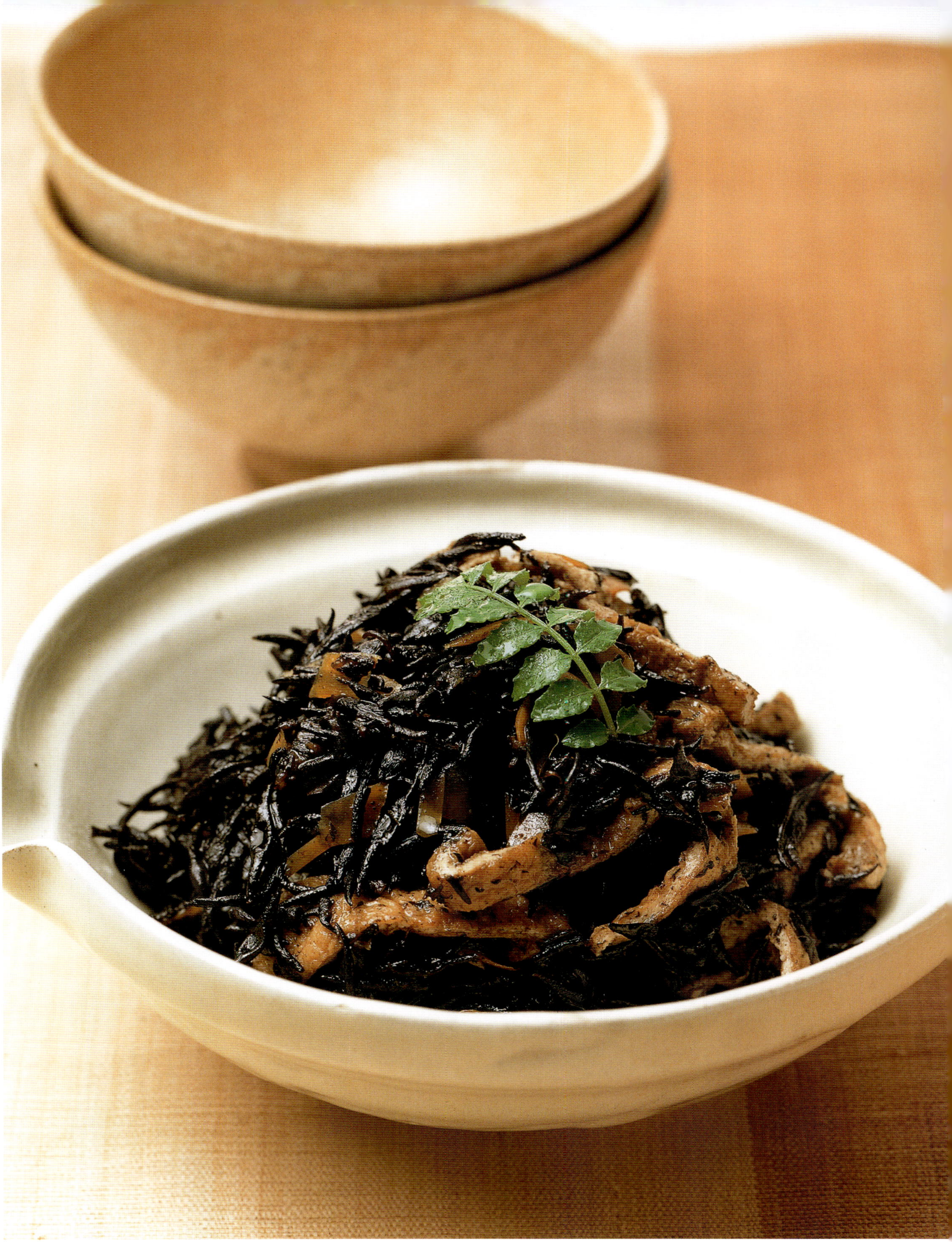

切り干し大根

切り干し大根に油揚げのコクと煮汁を含ませた煮物。翌日はもっと味がしみて、豊かな味わいに。

[1:1:10]
しょうゆ 40ml
みりん 40ml
だし 400ml

材料（4人分）
合わせ地［1:1:10］
- しょうゆ 40ml（カップ1/5）
- みりん 40ml（カップ1/5）
- だし 400ml（カップ2）

切り干し大根（乾）40g　油揚げ 1/2枚
E 60kcal　T 12分

つくり方
1. 切り干し大根はサッと洗い、耐熱性の容器に入れてかぶるぐらいの水に浸す。ラップフィルムをかけて電子レンジに3分間かけ、ざるに上げる。粗熱が取れたら、水けを絞る。
2. 油揚げは縦半分に切り、7mm幅に切る。
3. 鍋に1、2と合わせ地を入れ、中火にかける。煮立ったら火を弱め、水でぬらした落としぶたをして6〜7分間煮含める。

切り干し大根
大根をせん切りにして天日で干すと、こんな姿になるんですね。京都では伝統的なおばんざいの材料のひとつです。水でもみ洗いして、汚れやチリを取り除いてから戻してください。

五目豆

水煮の大豆も乾物と同じ1：1：10でおふくろの味に。汁けを残して仕上げ、次の日も煮返して食べてください。

[1：1：10]
しょうゆ 50ml
みりん 50ml
だし 500ml

材料（4人分）
合わせ地［1：1：10］
- しょうゆ 50ml（カップ1/4）
- みりん 50ml（カップ1/4）
- だし 500ml（カップ2・1/2）

大豆（水煮）400g　昆布10cm角　にんじん1/2本　こんにゃく1/2枚　れんこん1/2節
○酢
E 230kcal　T 20分※
※昆布を戻す時間は除く。

つくり方
1. 昆布は水につけて戻し、2cm角に切る。にんじんは皮をむき、こんにゃくはサッとゆで、それぞれ1cm角に切る。れんこんは皮をむき、5mm厚さのいちょう切りにして酢水にさらす。
2. 鍋に1を入れて合わせ地を注ぎ、汁けをきった大豆を加えて火にかける。煮立ったら火を弱め、水でぬらした落としぶたをして、ときどき混ぜながら約10分間煮る。
3. 好みの加減に煮えたら器に盛り、あれば木の芽をあしらう。

卯の花

卯の花＝おからは豆腐の副産物です。できればおいしい豆腐を作っているお店で買うといいですよ。

[1:1:10]
薄口しょうゆ 40ml
みりん 40ml
だし 400ml

材料（4人分）
合わせ地 ［1:1:10］
- 薄口しょうゆ 40ml（カップ1/5）
- みりん 40ml（カップ1/5）
- だし 400ml（カップ2）

おから 200g
鶏もも肉 100g
きくらげ（乾）10g
生しいたけ 2枚
しめじ 1/4パック
にんじん 3cm
さやいんげん 8本
○塩　ごま油

E 170kcal　T 12分

つくり方

1. きくらげは水で戻し、みじん切りにして水けを絞る。生しいたけとしめじは石づきを取って1cm角に切る。
2. 鶏肉は粗みじん切りにし、にんじんは皮をむいて5mm角に切る。さやいんげんは両端を切り落として3cm長さの斜め切りにし、塩少々を加えた熱湯でサッとゆでる。
3. おからは約30秒間フードプロセッサーにかけ、なめらかにする。
4. 鍋にごま油大さじ1を熱し、鶏肉を炒める。色が変わったらにんじん、1のきのこを順に加えながらいため、合わせ地を注ぐ。
5. 煮立ったら3を加え、約5分間、菜ばしでよく混ぜながら煮る。2のさやいんげんを加えて混ぜ合わせ、そのまま冷まして味を含ませる。
6. 器に盛り、あれば刻んだ青柚子の皮をあしらう。

おから
水煮した大豆を細かくつぶして絞ると豆乳ができます。そのときに残った固形物がおから。でも「絞りかす」なんていうてはいけませんよ。おいしくてとても栄養がある食べ物なんですから。

いり豆腐

落としぶたをせず、豆腐が汁けを完全に吸うまでいり煮します。だしのかわりに水を使うとさらにあっさりした味に。

[1:1:10]
しょうゆ 30ml
みりん 30ml
だし 300ml

材料（4人分）
合わせ地 [1:1:10]
- しょうゆ 30ml（大さじ2）
- みりん 30ml（大さじ2）
- だし 300ml（カップ1・1/2）

豆腐（木綿）1丁
きくらげ（乾）10g
ごぼう 1/4本
にんじん 1/2本
こんにゃく 1/3枚
さやいんげん 10本
卵 1コ
○サラダ油
E 140kcal　T 12分

つくり方
1. 豆腐は紙タオルに包んで耐熱性の器に入れ、ラップフィルムをかけて電子レンジに3分間かけ、水きりをする。きくらげは水で戻し、みじん切りにして水けを絞る。
2. ごぼう、にんじんは皮をむいて3cm長さに切り、2〜3mm角の棒状に切る。こんにゃくも同じ大きさに切る。さやいんげんは両端を切り落とし、小口切りにする。
3. 鍋にサラダ油少々を熱し、ごぼうとにんじんを炒める。しんなりしたら、こんにゃく、きくらげも順に加えながら炒める。
4. 全体に油が回ったら、1の豆腐をほぐしながら加え、合わせ地を注ぐ。菜ばしでよく混ぜ、煮汁を吸わせながら約8分間いり煮する。
5. 煮汁がほとんどなくなったら、さやいんげんと溶きほぐした卵を加え、ポロポロになるまで混ぜながらいる。

春は菜の花、たけのこ、えんどう豆。冬は白菜や大根。今は、どんな野菜もほぼ一年中手に入りますが、旬のおいしさはやはり格別です。歯ざわりがよく、なんといっても香りが違います。旬の素材の繊細な風味、ほのかなえぐみやくせまでも楽しみたい。そんなときは、だしが主役の合わせ地で煮ましょう。

割合は、だしがたっぷり、1：1：15。

いわゆる京風の煮物、といったらわかりやすいでしょうか。見た目も美しく、素材の色を損なわないように仕上げたいので、しょうゆは薄口しょうゆを使います。この合わせ地は、野菜のおひたしやシンプルな鍋物、おでんのつゆにもなりますよ。もちろん同じ素材を1：1：8の合わせ地で煮ても、おいしい煮物ができるはずです。しょうゆとみりんのうまみをじっくり含ませ、しっかりからめた味ですね。

それに対して1：1：15の煮物は、素材の持ち味を生かした料理です。上品な薄味の煮汁をいっしょにいただける楽しみもあります。煮詰めたり煮からめたりしない。

この割合では、だしの味が決め手になりますから、ぜひ46ページに紹介した本格だしか、下に記した簡単だしを使ってください。

ご飯がすすむ1：1：8と、だしも味わう1：1：15。同じ調味料でも割合が変わるとこんなに違った煮物になるなんて、面白いでしょう。

1:1:15

(しょうゆ、みりん、だし)

だしの話 2

だしはなるべく本格だしを取ってほしい、といいましたが、毎朝毎晩となると、なかなかそうもいかんでしょう。時間があれば本格だしを取る。余裕がなければインスタントだし。状況に応じて使い分ければいいんです。今は無添加・天然素材のだしパックなども充実しているので、なるべくそういうものを選ぶとよいでしょう。

ただし、少しでも和食上手になりたい、という気持ちのある人は、昆布と削り節ぐらいは常備していてほしいものです。顆粒のだしの素に昆布とかつおのうまみを足すだけでも、インスタント特有のとんがった風味がまろやかになります。顆粒だしだけの味よりずっとあっさりとして食べ飽きない、おいしいだしができるんですよ。

吸い物や1：1：15の煮物のように、だしのうまさが仕上がりの味を左右するような料理には、少し手間でも本格だし(P46)か、この簡単だしを使ってほしいと思います。

[簡単だしの取り方(1リットル分)]
① 鍋に水カップ6、ぬれぶきんでふいた昆布(5cm角)1枚を入れて弱火にかける。
② 煮立ち始めたら、和風だしの素(顆粒)小さじ2を加えて溶かす。
③ 削り節一つかみ(13g)を加え、菜ばしでグルグルかき混ぜながらサッと煮立てて火を止める。すぐにふきん(または紙タオル)を敷いたこし器を通してこす。

旬の煮物は1：1：15

白菜と豚肉の煮物

白菜の質や、洗った時につく水分量によっても味加減が変わります。最後に塩で味を決めましょう。

[1:1:15]
しょうゆ
＋
薄口しょうゆ 20ml
みりん 20ml
だし 300ml

材料（4人分）
合わせ地［1:1:15］
- しょうゆ 10ml（小さじ2）
- 薄口しょうゆ 10ml（小さじ2）
- みりん 20ml（小さじ4）
- だし 300ml（カップ1・1/2）

白菜1/2株　豚バラ肉（薄切り）400g　細ねぎ（小口切り）1/2ワ分
○塩　こしょう
E 440kcal　T 10分

つくり方

1. 白菜は根元の堅い部分を切り取り（写真①）、縦1/3に切って3～4cm幅のザク切りにする（写真②）。豚肉は3～4cm長さに切る。

2. 鍋に合わせ地を入れて中火にかけ、豚肉を加え、菜ばしでていねいにほぐす（写真③）。

3. 白菜を加え、水でぬらした落としぶたをする（写真④）。白菜がしんなりしたら、全体に煮汁が回るように混ぜながら火を通す（写真⑤）。

4. 好みの歯ごたえに煮上がったら塩で味を調え、器に盛って細ねぎを天盛りにし、こしょうをふる。

① 白菜の軸の中心を三角形に切り取っておくと、堅い部分が残らず、はしで持ってみたら根元でつながっているというようなこともありません。

② 端からザク切りにしていきますが、葉の部分は軸の部分よりクタッとしやすいので、気持ち大きめに切ってください。

③ 煮汁が煮立たないうちに手早く豚肉をほぐします。固まってしまうのが心配なら、ほぐしてから火にかけてもいいです。

④ かなりかさがありますが、かまわず落としぶたをします。白菜は自分の水分ですぐ煮えてきます。

⑤ 白菜がシャキシャキしたのが好きならこのぐらいでも。とろけるようなのが好きならもう少し煮ましょう。

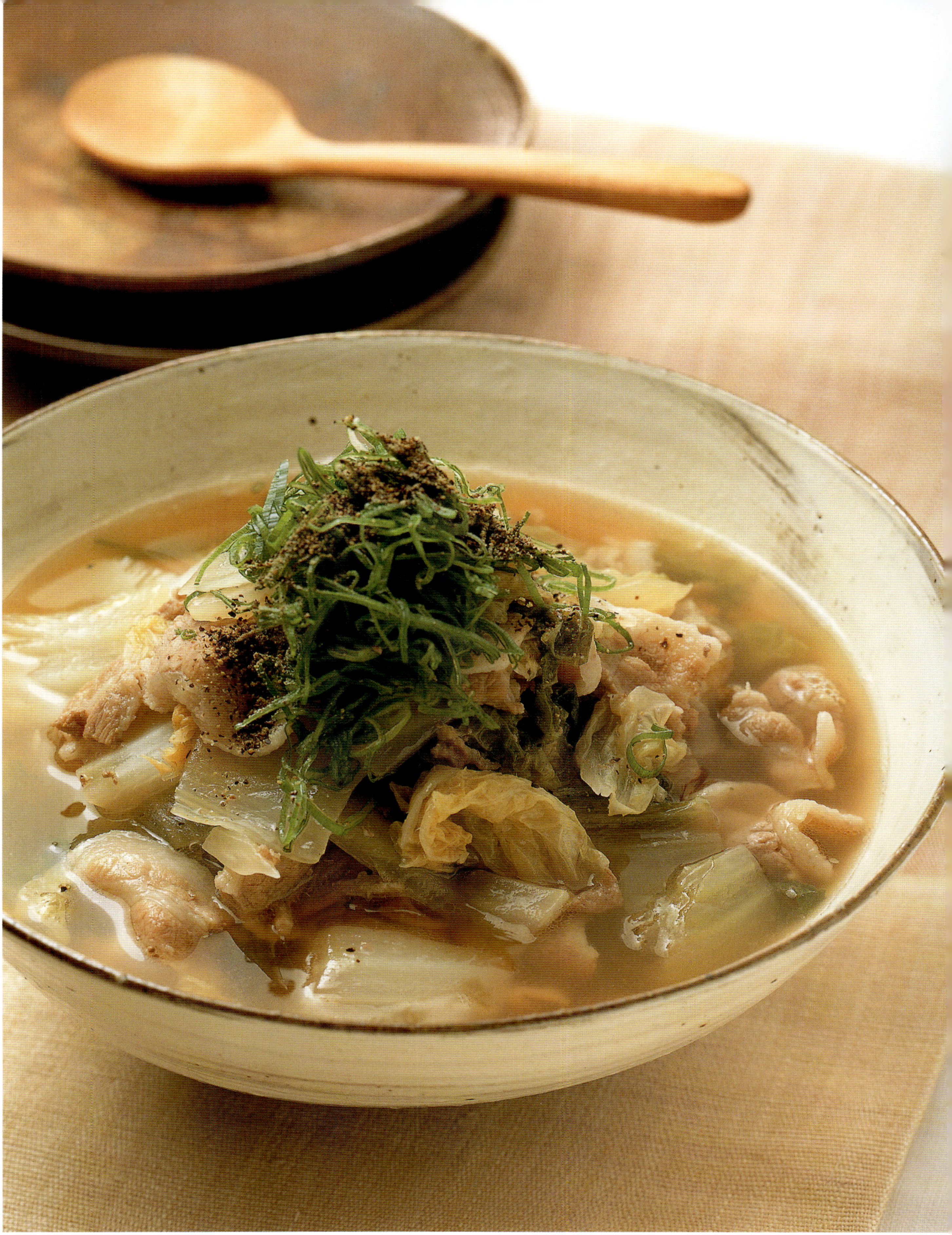

かぶと油揚げの煮物

最初にかぶを油で炒めてから、たっぷりの煮汁で煮ます。あっさりしていて上品なコクのある一品。

[1:1:15]
薄口しょうゆ 40ml
みりん 40ml
だし 600ml

材料（4人分）
合わせ地 ［1:1:15］
- 薄口しょうゆ 40ml（カップ1/5）
- みりん 40ml（カップ1/5）
- だし 600ml（カップ3）

かぶ（葉つき）4コ　油揚げ（大）1/2枚
○サラダ油
E 90kcal　T 10分

つくり方
1. かぶは茎を2cmほど残して切り離し、6～8等分のくし形に切って厚めに皮をむく。茎と葉は4cm長さに切る。油揚げは2cm幅に切る。
2. 鍋にサラダ油大さじ1を中火で熱し、かぶの身を炒める。油が回ったら合わせ地を注ぎ、油揚げを加え、水でぬらした落としぶたをする。
3. かぶが柔らかくなったら茎と葉を加える。しんなりしたら汁ごと器に盛り、あれば刻んだ柚子の皮をあしらう。

かぼちゃの煮物

こってりと甘辛いかぼちゃもおいしいですが、1：1：15の薄味で煮ると、かぼちゃ本来の甘みが引き立ちます。

[1：1：15]
薄口しょうゆ 30ml
みりん 30ml
だし 450ml

材料（4人分）
合わせ地［1：1：15］
- 薄口しょうゆ 30ml（大さじ2）
- みりん 30ml（大さじ2）
- だし 450ml（カップ2・1/4）

かぼちゃ 400g
E 100kcal　T 15分

つくり方
1. かぼちゃは種を取って食べやすい大きさに切り、ところどころ皮をむく。水にくぐらせてから耐熱性の器に入れ、ラップフィルムをかけて電子レンジに3分間ほどかける。
2. 鍋にかぼちゃと合わせ地を入れ（写真）、水でぬらした落としぶたをして中火にかける。10分間ほど煮て味を含ませ、汁ごと器に盛り、あれば刻んだ青柚子の皮をあしらう。

この煮物は京風に、形をくずさず仕上げたいので、かぼちゃが重ならないようきれいに並べて煮てください。

春菊のおひたし

野菜をゆでて冷やし、合わせ地でサッと煮て冷まし、また浸す。この手間をかけてこそ、上品なおひたしになるんですよ。

[1：1：15]
薄口しょうゆ 20ml
みりん 20ml
だし 300ml

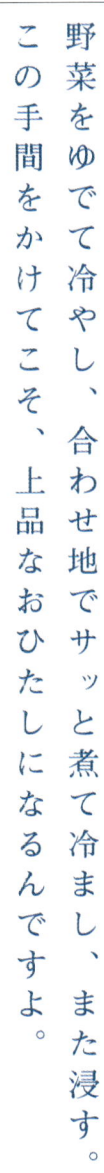

材料（4人分）
合わせ地 [1：1：15]
├ 薄口しょうゆ 20ml（小さじ4）
├ みりん 20ml（小さじ4）
└ だし 300ml（カップ1・1/2）
春菊 1ワ（約200g）　生しいたけ 8枚
○塩
E 30kcal　T 40分

つくり方
1. 春菊は茎の根元の堅い部分を切り落とし、塩少々を加えた熱湯でゆでる。鮮やかな緑色になったら冷水に取って冷やし、水けをしっかりと絞る。
2. 鍋に合わせ地を入れて中火にかけ、煮立ったら春菊を加える。一煮立ちしたら煮汁から引き上げ、ざるに並べて冷ます。煮汁もそのまま冷ましておく。
3. 2の煮汁が冷めたら、春菊を3cm長さに切って戻し入れ、30分間ほど浸しておく。
4. 生しいたけは石づきを取り、フッ素樹脂加工のフライパンで油をひかずに両面を焼き、薄切りにする。
5. 3の汁けを軽く絞ってボウルに入れ、4を混ぜ合わせる。器に盛って煮汁少々を加え、あれば刻んだ柚子の皮をあしらう。

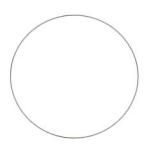

湯なます

サッと煮てすぐに冷やし、冷たい冷たい煮汁といっしょに味わってください。

[1:1:15]
薄口しょうゆ 20ml
みりん 20ml
だし 300ml

材料（4人分）
合わせ地 [1:1:15]
― 薄口しょうゆ 20ml（小さじ4）
― みりん 20ml（小さじ4）
― だし 300ml（カップ1・1/2）
大根 250g　にんじん 40g
みつばの軸 1/2ワ分　柚子の皮 適宜
E 30kcal　T 10分

つくり方
1. 大根、にんじんは皮をむき、4cm長さ、3〜4mm角の棒状に切る。みつばの軸は4cm長さに切る。
2. 鍋に合わせ地と大根、にんじんを入れて中火にかけ、歯ごたえが残る程度に煮る。みつばを加えて火から下ろし、鍋ごと氷水に当てて冷やす。
3. 2が冷たくなったら、刻んだ柚子の皮を加え、汁ごと器に盛る。

菜の花のからしあえ

作り方はおひたしと同じ。ちょっと辛いぐらいにからしをきかせます。

[1:1:15]
薄口しょうゆ 20ml
みりん 20ml
だし 300ml

材料（4人分）
合わせ地 [1:1:15]
― 薄口しょうゆ 20ml（小さじ4）
― みりん 20ml（小さじ4）
― だし 300ml（カップ1・1/2）
菜の花 20本
練りがらし 適宜
削り節（あれば糸がきかつお）適宜
○塩
E 30kcal　T 40分

つくり方
1. 菜の花は茎の堅い部分を切り落とし、食べやすい長さに切る。塩少々を加えた熱湯でサッとゆで、きれいな緑色になったらすぐ冷水にさらし（写真）、堅く絞る。
2. 鍋に合わせ地を入れて煮立たせ、菜の花を加える。一煮立ちしたら引き上げてざるに取り、煮汁はそのまま冷ましておく。
3. 2の煮汁が冷めたら練りがらしを溶いて加え、菜の花を30分間ほど浸す。味をみて、薄いようなら薄口しょうゆを少々加える。
4. 菜の花の汁けを軽く絞って器に盛る。煮汁を適量注ぎ、削り節をのせる。

菜の花はくれぐれもゆですぎないこと。
きれいな緑色になったら
すぐ冷水に浸し、色止めをします。

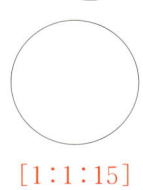

高野豆腐の煮物

高野豆腐は乾物ですが、1：1：15で煮ます。このぐらい煮汁にひたっているほうがうまいと思いますよ。

[1：1：15]
薄口しょうゆ 30ml
みりん 30ml
だし 450ml

材料（4人分）
合わせ地 ［1：1：15］
- 薄口しょうゆ 30ml（大さじ2）
- みりん 30ml（大さじ2）
- だし 450ml（カップ2・1/4）

高野豆腐 4枚　絹さや 12枚
○塩

E 110kcal　T 15分

つくり方
1. 高野豆腐は70℃ぐらいの湯に入れて約5分間浸しておき、柔らかくなったら水けをしっかり絞って4等分に切る。
2. 絹さやは筋を取り、サッと塩ゆでして冷水に取る。
3. 鍋に合わせ地と高野豆腐を入れて中火にかけ、水でぬらした落としぶたをして5分間ほど煮る。高野豆腐に味がしみたら絹さやを加え、1分間ほど煮る。
4. 汁ごと器に盛り、あれば青柚子の皮をすりおろして上にふる。

高野豆腐
豆腐をいったん凍らせ、解凍して水けを絞って、それから干して乾燥させた保存食。こんなに手のかかることを始めたのが高野山のお坊さんだったので、この名前がついたんだそうです。

おでん

鍋物というよりおかずとして食べたい簡単おでん。
濃厚な味がよければ、練り物や結び昆布を足しても。

[1:1:15]
薄口しょうゆ
＋
しょうゆ　60ml
みりん　60ml
だし　900ml

材料（4人分）
合わせ地［1:1:15］
　薄口しょうゆ 30ml（大さじ2）
　しょうゆ 30ml（大さじ2）
　みりん 60ml（大さじ4）
　だし 900ml（カップ4・1/2）
大根 1/3本　ちくわ 2本　こんにゃく 1枚　ゆで卵 4コ　練りがらし 適宜
E 190kcal　T 60分

つくり方
1. 大根は3〜4cm厚さの輪切りにし、皮を厚めにむく。耐熱性の容器に入れてラップフィルムをかけ、電子レンジに約6分間かける。ちくわとこんにゃくは食べやすい大きさに切り、こんにゃくは熱湯で下ゆでしておく。
2. 鍋に1とゆで卵を入れて合わせ地を注ぎ、火にかける。煮立ったら弱火にし、水でぬらした落としぶたをして40〜50分間煮込む。
3. 味がよくしみたら汁ごと器に盛り、別皿に練りがらしを添える。

えんどう豆とえびのひすい煮

これはぜひ、さやつきのえんどう豆が出回る春につくってほしいです。宝石のような緑とさっくりした歯ごたえを楽しんで。

材料（4人分）
合わせ地 ［1:1:15］
　┌ 薄口しょうゆ 20ml（小さじ4）
　│ みりん 20ml（小さじ4）
　└ だし 300ml（カップ1・1/2）
えんどう豆（グリンピース）
　（さやから出したもの）200g
えび（無頭）320g
おろししょうが 適宜
○塩　かたくり粉
E 120kcal　T 10分

つくり方
1. えびは殻と尾を除いて背ワタを取り、塩少々をふってもみ、水できれいに洗う。ざるに並べて熱湯を回しかけ、一口大に切る。
2. かたくり粉大さじ1/2に同量の水を加えて溶いておく。
3. 鍋にえびと合わせ地を入れて火にかけ、煮立ったら弱火にする。えびに火が通って色が変わったら、えんどう豆を加える（写真）。
4. 豆が指でつぶせるぐらいに柔らかくなったら、2の水溶きかたくり粉を加えて混ぜる。とろみがついたら器に盛り、おろししょうがをのせる。

えんどう豆は下ゆでしてから煮ると柔らかくなりすぎるので、そのまま煮汁に加えます。

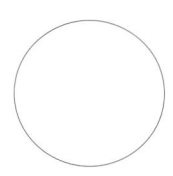

［1:1:15］
薄口しょうゆ 20ml
みりん 20ml
だし 300ml

若竹煮

春においしい、たけのことわかめを取り合わせた煮物。これにはどっさり木の芽をのせて、季節感を味わってください。

[1:1:15]
薄口しょうゆ 40ml
みりん 40ml
だし 600ml

材料（4人分）
合わせ地 [1:1:15]
- 薄口しょうゆ 40ml（カップ1/5）
- みりん 40ml（カップ1/5）
- だし 600ml（カップ3）

たけのこ（ゆでたもの）400g　生わかめ160g
削り節 ひとつかみ　木の芽 適宜
E 50kcal　T 20分

つくり方

1. たけのこは根元に近い部分は1.5cm厚さの輪切りにし、両面の中央に1本ずつ（合わさると十字になるように）切り込みを入れる。大きいものは半分に切る。穂先は縦半分から4等分に切る。
2. 鍋にたけのこと合わせ地を入れて火にかける。削り節をガーゼか紙タオルに包んで加え、ぬらした落としぶたをして、弱めの中火で15分間ほど煮る。
3. 落としぶたと削り節の包みを取り出し、わかめを加えて1～2分間煮る。
4. 器に盛って煮汁をかけ、木の芽をたっぷりとあしらう。

どんぶりって、いいもんですよね。

肉や野菜、ありあわせのものをサッと煮て、白いご飯にのせただけなのにしみじみとうまい。

上の具と下のご飯はもはや別もんではなくて、どんぶりの中で一体化している。ご飯にうっすらしみた煮汁が、つなぎの役目をしているんですね。

その割合が7：5：3。

1：1：1からは外れた数字ですけれど、七五三といえば子供さんのお祝いのようで覚えやすいでしょう。

7：5：3の7は、だし。

5はみりん、3はしょうゆ。

「京都風のどんぶりは、だしがきいておいしい」と、よくいわれますが、そんなあんばいにできると思います。

今までと違うのは、このふたつが同量ではなく、みりんの方がだいぶ多くなっているところです。合わせ地を火にかけ、サッと煮立てたら味をみて、酒臭さがなくなり、うまみだけが感じられるようになればOKです。

とくに親子丼やカツ丼のように卵でとじるものは、火の通し過ぎには要注意。合わせ地を手早く仕上げなければ、ふんわりした半熟のおいしさが味わえません。ご飯もあらかじめどんぶりによそい、スタンバイしておいてください。溶き卵を流し入れたら手早く仕上げなければ、

7:5:3
(だし、みりん、しょうゆ)

あしらいの話

盛りつけの仕上げに、アクセントになる色みや風味をちょこっと添える。「あしらい」というのは、まあそんなようなものです。
甘辛い味つけの煮物は、色あいが地味になりがちです。そのまま盛っても悪くはないけれども…。みつばでも刻んだねぎでも、青みを少しのせてごらんなさい。パッと目を引くポイントになるでしょう。器の端っこによけたりせず、ちゃんと食べてみてください。ピリッとした香りや辛み、素材によってはほのかな苦みが、まろやかな煮物の味を引き締めてくれるでしょう。
緑のものだけでなく、白い針しょうがや白髪ねぎ、赤紫の筋が入ったみょうがなんかもきれいです。和のスパイス、一味や七味のとうがらしとか、粉ざんしょう、いりごまでもいいですね。
この本でもいろいろなあしらいをしましたが、これでなければいけないと考える必要はありません。そのとき家にあるもので結構です。ただし、7：5：3のどんぶりに粉ざんしょう、春のたけのこやさわらの煮物にたっぷりの木の芽や生わかめ、など、ぜひに、とおすすめしたいものがある場合は、材料に記しておきました。
春なら木の芽や絹さや。夏なら青じそ、みょうが。緑色だった柚子の皮が黄色くなってくると、もう冬だなあと思います。風味のバランスを考えながら、季節感のあるあしらいを選ぶのは楽しいものですよ。

どんぶりはだしをきかせて7：5：3

親子丼

親子丼は卵のふんわり加減がおいしさの決め手。手早く火を通し、アツアツに粉ざんしょうをふってどうぞ。

[7:5:3]
だし 140ml
みりん 100ml
しょうゆ 60ml

材料（4人分）
合わせ地［7:5:3］
- だし 140ml
- みりん 100ml（カップ1/2）
- しょうゆ 60ml（大さじ4）

鶏もも肉 400g　卵 12コ　細ねぎ 1ワ　ご飯 どんぶり4杯分　粉ざんしょう 適宜
E 800kcal　T 10分

つくり方

1. 鶏肉は一口大に切り（写真①）、細ねぎは斜め薄切りにする。卵は1人分（3コ）ずつ割りほぐしておく。どんぶりにご飯を盛っておく。

2. 鍋に合わせ地を入れて火にかけ（写真②）、煮立ったら鶏肉を加える（写真③）。中火で3～4分間煮て細ねぎを加え（写真④）、サッと火を通す。

3. 小さめの鍋に2の1/4量を移して煮立て、1人分の溶き卵を回し入れる（写真⑤）。半熟状になったらどんぶりのご飯にのせ、粉ざんしょうをふる。

4. 残り3人分も同様につくる。

① 鶏肉は小さめの一口大にそぎ切りしておくと火が通りやすくなり、煮る時間も短くてすみます。

② 親子丼用の小さな鍋があれば、最初から合わせ地と材料を1/4量ずつ入れて1人分ずつつくってください。

③ この鶏肉は霜降り（P26）をしていないので、合わせ地が煮立たたないうちに入れると、臭みとアクが出てしまいます。

④ この親子丼には、白いねぎよりも青ねぎのほうが合うでしょう。サッと火を通す程度で、さっぱりした風味を生かします。

⑤ めんどうでも、ここでひとり分ずつ小鍋に移して仕上げたほうが上手にできます。火の通しすぎは禁物ですよ！

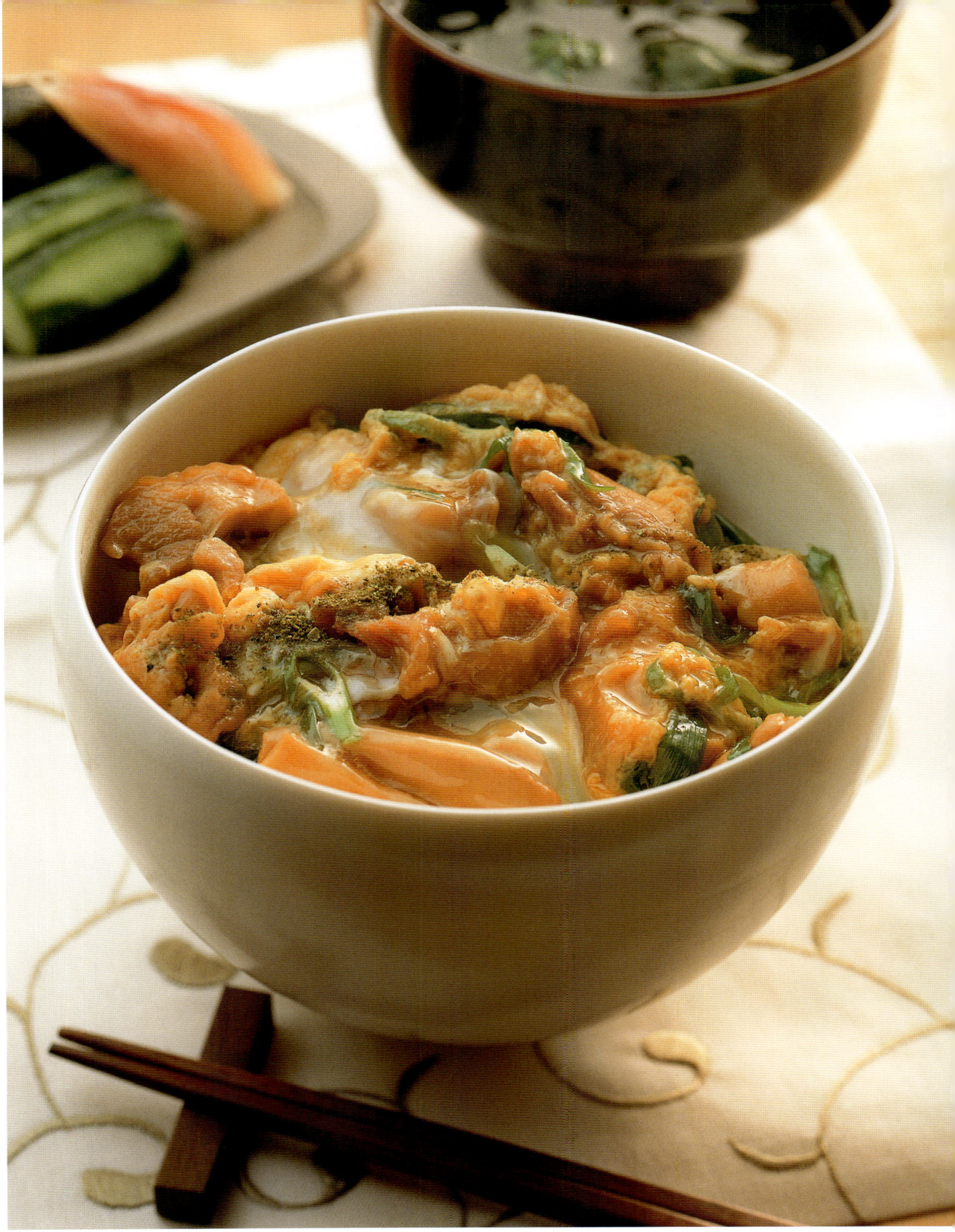

カツ丼

買ってきたとんカツが、わずかな手間で豪華なカツ丼に。家で揚げたカツを使えば、数倍ランクアップします。

[7:5:3]
だし 105ml
みりん 75ml
しょうゆ 45ml

材料（4人分）
合わせ地［7:5:3］
- だし 105ml（大さじ7）
- みりん 75ml（大さじ5）
- しょうゆ 45ml（大さじ3）

とんカツ 4枚　細ねぎ 1/2ワ　卵 8コ　ご飯 どんぶり4杯分
E 880kcal　T 6分

つくり方
1. とんカツは1枚を4〜5等分に切り、細ねぎは斜め薄切りにする。卵は割りほぐす。どんぶりにご飯を盛っておく。
2. 鍋に合わせ地を入れ、とんカツを並べ入れて中火にかける。軽く煮立てたら、カツだけを取り出して1枚分ずつどんぶりのご飯にのせる。
3. 残った煮汁に細ねぎを加えて煮立て、しんなりしたら1の溶き卵を回し入れる。半熟状になったら2に1/4量ずつのせ、好みで粉ざんしょうをふる。

牛丼

ファーストフードでも牛丼は人気のメニューですが、家でつくってもすぐできて簡単。断然リッチでおいしいですよ。

[7:5:3]
だし 140ml
みりん 100ml
しょうゆ 60ml

材料（4人分）
合わせ地［7:5:3］
- だし 140ml
- みりん 100ml（カップ1/2）
- しょうゆ 60ml（大さじ4）

牛薄切り肉 300g
たまねぎ 1コ
卵黄 4コ分
ご飯 どんぶり4杯分
粉ざんしょう 適宜
E 640kcal　T 6分

つくり方
1. 牛肉は食べやすく切る。たまねぎは横半分に切り、5mm幅の薄切りにする。卵黄は1コ分ずつ器に分けておく。
2. 鍋に合わせ地とたまねぎを入れて火にかける。煮立ったら火を弱め、牛肉を加え、はしでていねいにほぐす（写真）。
3. 牛肉が完全にほぐれたら火を強め、しばらく煮て、肉にうっすら赤身が残る程度で火を止める。
4. どんぶりにご飯を盛り、3を煮汁ごと等分にのせる。中央に卵黄を1コ分ずつのせ、粉ざんしょうをふる。

肉を加えるときは弱火にするか、火を止めて、ていねいにほぐすこと。煮立っていると団子状になるし、すぐ堅く煮えてしまいます。

冷蔵庫に油揚げとねぎしかない。そんなときでも大丈夫。7：5：3で、あっさりうまいどんぶりができます。

きつね丼

[7:5:3]
だし 105ml
みりん 75ml
しょうゆ 45ml

材料（4人分）
合わせ地［7：5：3］
　┌ だし 105ml（大さじ7）
　│ みりん 75ml（大さじ5）
　└ しょうゆ 45ml（大さじ3）
油揚げ（大）2枚
細ねぎ 2ワ
ご飯 どんぶり4杯分
粉ざんしょう 適宜
E 570kcal　T 6分

つくり方
1．油揚げは縦半分に切り、端から5mm幅の細切りにする（写真）。細ねぎは斜め薄切りにする。
2．鍋に合わせ地を入れて中火にかけ、煮立ったら1の油揚げを加えて煮る。クタッとしたら細ねぎを加え、サッと火を通す。
3．どんぶりにご飯を盛り、2を等分にのせ、粉ざんしょうをふる。

おいしい油揚げを使えば、油抜きをしなくてもいいです。煮るとふくらむので、なるべく細かく刻んでください。

野菜のあんかけ丼

野菜たっぷりのヘルシーなどんぶり。トマトが味を引き締め、ちょっと洋風のアクセントになっています。

[7:5:3]
だし　140ml
みりん　100ml
薄口しょうゆ　60ml

材料（4人分）
合わせ地［7:5:3］
- だし　140ml
- みりん　100ml（カップ1/2）
- 薄口しょうゆ　60ml（大さじ4）

なす　2コ
トマト　2コ
さやいんげん　12本
生しいたけ　4枚
まいたけ　60g
みょうが　3コ
ご飯　どんぶり4杯分
○かたくり粉

E 390kcal　T 10分

つくり方
1. なす、トマト、さやいんげんはヘタを取って薄切りにする。生しいたけは軸をとって薄切りに、まいたけは石づきを取って一口大に切る。
2. みょうがは薄切りにして水にさらす。かたくり粉大さじ1・1/2を同量の水で溶いておく。
3. 鍋に合わせ地を入れて中火にかけ、煮立ったら1の野菜をすべて加え（写真）、約2分間煮る。さやいんげんに火が通ったら2の水溶きかたくり粉を回し入れて混ぜ合わせ、とろみがついたら火から下ろす。
4. どんぶりにご飯を盛って3を等分にかけ、みょうがの水けをよくきってのせる。

野菜は全部薄切りにしているので、いっぺんに入れてかまいません。さやいんげんの堅さで、煮え具合を確かめて。

お祝い事のある日には、ちらしずしでにぎやかに。春になって、さやつきのえんどう豆が出てきたら、豆ご飯にしてみよか。秋のうちに1度ぐらいは、まつたけご飯も炊かんことには。

生活の節目節目につくりたくなるのが、こういう特別なご飯物ですね。思いついたときにササッと手早くつくれるように、ご飯のおいしい割合もぜひ、覚えてください。

ちらしずしに使うすし酢は、塩1：砂糖4：酢6の割合。家庭でもこんな簡単においしいちらしずしができるなんて、ちょっと感動してもらえると思います。酢は、酢の物と同様、穀物酢よりもまろやかでコクのある米酢を使ってください。

この本では4人分としてカップ2杯の米に対するすし酢の分量を紹介しましたが、大勢人が集まるようなときは、米もすし酢も倍量にしても結構です。このすし酢は保存がききますので、密閉びんにつくって冷蔵庫に入れておき、米カップ2杯分のご飯につき大さじ3を加えて混ぜる、と覚えておくといいですよ。

炊き込みご飯の調味料とだしの割合は、塩1：酒3：薄口しょうゆ3：だし120。だしの量だけがとび抜けて多いので、ちょっと覚えにくいですね。ここは割合よりも、カップ3の米を炊く時に加える実際の分量のほうが、わかりやすい数字になります。

五目ご飯、たけのこご飯、しめじご飯など、色のついた炊き込みご飯は、米カップ3（600㎖）に同量のだし、塩小さじ1（5㎖）、酒大さじ1（15㎖）、薄口しょうゆ大さじ1（15㎖）。えんどう豆やさつまいもを入れて炊く白いご飯は、薄口しょうゆを省きます。このときは、かつおの風味はいりませんので、だしではなく水で。その代わりに昆布を1枚加えてください。

すし酢 1:4:6 （塩、砂糖、酢）
炊き込みご飯 1:3(:3):120
（塩、酒、〈薄口しょうゆ〉、だし〈または水〉）

ご飯物のおいしい割合

あなごちらし

あなごは大きめに切った方がボリューム感があっておいしいですよ。

[1:4:6]
塩 7.5ml
砂糖 30ml
酢 45ml

材料（4人分）
すし酢［1:4:6］
― 塩 7.5ml（大さじ1/2）
― 砂糖 30ml（大さじ2）
― 酢 45ml（大さじ3）
米 カップ2
昆布 10cm角
焼きあなご 5枚
さやいんげん 16本
さやいんげんのつけ汁
― 薄口しょうゆ 小さじ2
― みりん 小さじ2
― だし カップ3/4
卵 3コ
いりごま（白）大さじ2
木の芽 適宜
○塩
E 490kcal　T 20分※
※米を洗って炊く時間は除く。

つくり方
1. 米は炊く30分前に洗って水につける。いったんざるに上げて炊飯器に入れ、水カップ2、昆布を加えて炊く。
2. さやいんげんはヘタを取って斜め薄切りにし、塩少々を加えた熱湯でサッとゆで、冷水に取る。鍋につけ汁の材料を煮立て、水けをきったさやいんげんをくぐらせる。さやいんげんと煮汁を別々に冷まし、冷めたら再びつけ汁に浸しておく。
3. 焼きあなごは2cm幅に切る。
4. 卵を鍋に割りほぐし、塩少々を加えて中火にかけ、菜ばしでよく混ぜていり卵をつくる。
5. 鍋にすし酢の材料を合わせて火にかけ、混ぜながら塩と砂糖を溶かす。沸騰させると酢がとぶので注意。
6. ご飯が炊けたら10分間ほど蒸らし、昆布を取り除く。ボウルに移して温かいすし酢を全体に回しかけ、しゃもじで切るように混ぜる。全体にすし酢がからんだら、ご飯をボウルの中央にまとめてふきんをかけ、冷ましておく。
7. 2の汁けをよくきり、3、4とともにすし飯に散らす。いりごまをふってさっくりと混ぜ、器に盛り、木の芽をちぎってあしらう。

さけちらし

さけの塩分が強いと塩辛くなってしまいます。かならず甘塩を選んでください。

[1：4：6]
塩 7.5ml
砂糖 30ml
酢 45ml

材料（4人分）
すし酢［1：4：6］
― 塩 7.5ml（大さじ1/2）
― 砂糖 30ml（大さじ2）
― 酢 45ml（大さじ3）
米 カップ2　昆布 10cm角
さけ（甘塩）2切れ（150g）　イクラ 120g
絹さや 15枚　焼きのり 2枚
○塩　酒
E430kcal　T15分※
※米を洗って炊く時間は除く。

つくり方
1．米は炊く30分前に洗い、ざるに上げる。炊飯器に米、水カップ2、昆布を入れて炊く。
2．絹さやは筋を取り、塩少々を加えた熱湯でサッとゆで、斜め半分に切る。さけは焼いて、熱いうちに皮と骨を取り除き、細かくほぐす。焼きのりは軽く火であぶり、細かいもみのりにする。
3．イクラは酒少々をふりかけておく。
4．なべにすし酢の材料を合わせて火にかけ、混ぜながら塩と砂糖を溶かす。沸騰させると酢がとぶので注意。
5．ご飯が炊けたら10分間ほど蒸らし、昆布を取り除く。ボウルに移して温かいすし酢を全体に回しかけ、しゃもじで切るように混ぜる。全体にすし酢がからんだら、ご飯をボウルの中央にまとめてふきんをかけ、冷ましておく。
6．すし飯に2の材料を加えてさっくりと混ぜ、イクラを散らす。

漬物ちらし

具は漬物だけのさっぱりちらし。食欲のないときでも、はしがすすみます。

[1：4：6]
塩 7.5ml
砂糖 30ml
酢 45ml

材料（4人分）
すし酢［1：4：6］
― 塩 7.5ml（大さじ1/2）
― 砂糖 30ml（大さじ2）
― 酢 45ml（大さじ3）
米 カップ2
昆布 10cm角　大根の漬物 100g
きゅうりのぬか漬け 2本
しば漬け 20g　青じその葉 8枚
いりごま（白）大さじ3
○酒
E370kcal　T12分※
※米を洗って炊く時間は除く。

つくり方
1．米は炊く30分前に洗い、水につける。いったんざるに上げて炊飯器に入れ、水カップ2、昆布を加えて炊く。
2．大根、きゅうりの漬物は6〜7mm角に切り、しば漬けはみじん切りにする。青じその葉はせん切りにして水にさらし、水けをよくきる。
3．なべにすし酢の材料を合わせて火にかけ、混ぜながら塩と砂糖を溶かす。沸騰させると酢がとぶので注意。
4．ご飯が炊けたら10分間ほど蒸らし、昆布を取り除く。ボウルに移して温かいすし酢を全体に回しかけ、しゃもじで切るように混ぜる。全体にすし酢がからんだら、ご飯をボウルの中央にまとめてふきんをかけ、冷ましておく。
5．すし飯に2の漬物といりごまを散らし、さっくりと混ぜ、器に盛って青じそを天盛りにする。

五目ご飯

五目の具からもだしが出て、香りとうまみがご飯に行き渡ります。たけのこご飯やしめじご飯も同じ要領で炊けますよ。

塩 5ml
酒 15ml
薄口しょうゆ 15ml
だし 600ml

材料（4人分）
- 塩 5ml（小さじ1）
- 酒 15ml（大さじ1）
- 薄口しょうゆ 15ml（大さじ1）
- だし 600ml（カップ3）

米 カップ3　鶏もも肉 120g　干ししいたけ 1枚
ごぼう 5cm　にんじん 1/3本　こんにゃく 1/3枚
E 500kcal　T 40分※
※米を水につけておく時間は除く。

つくり方
1. 米は炊く30分前に洗い、水につけておく。
2. 干ししいたけは水に約10分間つけて戻し、軸を取ってせん切りにする。
ごぼうはささがきにして水に5分間ほどさらし、水けをきる。
3. 鶏肉は1cm角に切る。にんじんは皮をむき、2～3mm角の棒状に切る。
こんにゃくは熱湯で下ゆでして厚みを半分、縦半分に切り、2～3mm厚さの薄切りにする。
4. 米をいったんざるに上げて炊飯器に入れ、だしとカッコ内の調味料を加えて軽く混ぜる。
2と3を加えてスイッチを入れ、炊き上がったらサッと混ぜて器に盛る。

まつたけご飯

まつたけは輸入ものでよいので、たっぷりと。思わず顔がほころぶ炊き上がりです。

材料（4人分）
- 塩 5ml（小さじ1）
- 酒 15ml（大さじ1）
- 薄口しょうゆ 15ml（大さじ1）
- だし 600ml（カップ3）

米 カップ3
まつたけ 150g　油揚げ 1/4枚
みつばの軸 1/2ワ分
E 450kcal　T 35分※
※米を水につけておく時間は除く。

つくり方
1．米は炊く30分前に洗い、水につけておく。
2．まつたけは流水で汚れをサッと落とし、石づきの堅い部分を取って薄切りにする。油揚げはごく細かいみじん切りにする。
3．米をいったんざるに上げ、炊飯器に入れる。カッコ内のだしと調味料を加えて軽く混ぜ、2を加えて炊く。
4．みつばの軸は熱湯でサッとゆで、冷水に取り、3cm長さに切る。ご飯が炊き上がったらざっと混ぜて器に盛り、みつばを散らす。

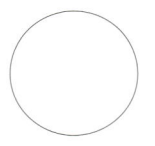

塩 5ml
酒 15ml
薄口しょうゆ 15ml
だし 600ml

豆ご飯

しょうゆやだしは使わずに、えんどう豆のやさしい甘みを生かしたご飯。

材料（4人分）
- 塩 5ml（小さじ1）
- 酒 15ml（大さじ1）
- 水 600ml（カップ3）

米 カップ3　昆布 10cm角
えんどう豆（さやから出したもの）220g
E 480kcal　T 35分※
※米を水につけておく時間は除く。

つくり方
1．米は炊く30分前に洗い、水につけておく。
2．米をいったんざるに上げて、炊飯器に入れる。カッコ内の水と調味料を加えて軽く混ぜ、昆布とえんどう豆を加えて炊く（写真）。

材料を全部入れて炊くだけ。かまや鍋で炊く場合も同じです。

塩 5ml
酒 15ml
水 600ml

和食の献立のスタイルは、並ぶ料理の数によって一汁三菜、一汁一菜などといいますが、やはり汁ものがひとつないことには落ち着きません。朝ごはんのお供には、わかめや豆腐のシンプルなみそ汁。炊き込みご飯やちらしずしのお供には、旬の素材のすまし汁。具だくさんの豚汁やけんちん汁なら、おかずのひとつにもなるでしょう。

一口にみそ汁といっても、地方によって、家庭によって、みその種類はじつにさまざま。赤みそだったり、白みそだったり、こうじの入ったみそだったり。だしも同じです。かつおと昆布のだしを使うおうちもあれば、煮干しのだしを使うおうちもあるでしょう。

ですから、みそ汁の割合はだいたいの目安です。

みそ 1：だし 15。

入れる具によっても味は変わると思いますので、必ず味をみて、好みの加減に調えてください。みそを加えたら煮立ててはいけませんよ。せっかくの風味がとんでしまいますし、煮詰まって辛くなってしまいます。

すまし汁は、だしの味がすべてですから、インスタントではなくきちんとだしを取ることをおすすめします。ただし、はまぐりやしじみを使うときは、酒と昆布を加えた水で煮出します。貝からいいだしが出ますので、かつおの風味はいらないんですね。

また、すまし汁はだしが主役で加える調味料はほんの少しですから、だしと調味料の割合は、ずいぶんとアンバランスになってしまいます。

塩 1：薄口しょうゆ 3：だし 160。計算がちょっとややこしいですが、カップ 4（800ml）のだしに対しては、塩小さじ 1（5ml）に薄口しょうゆ大さじ 1（15ml）、とわかりやすい数字になります。4 人分なら、この分量で覚えておくといいですよ。

みそ汁 1:15 （みそ、だし）

すまし汁 1:3:160 （塩、薄口しょうゆ、だし〈または水〉）

汁物のおいしい割合

豆腐と揚げのみそ汁

みそ、豆腐、油揚げ。大豆のおいしさが詰まったみそ汁です。

材料（4人分）
[1:15]
- みそ 60ml（大さじ4）
- だし 900ml（カップ4・1/2）

豆腐 1/2丁　油揚げ（大）1/2枚
細ねぎ（小口切り）適宜
E 90kcal　T 5分

つくり方
1. 豆腐は1cm角に切る。油揚げは縦半分に切り、7mm幅に刻む。
2. 鍋に分量のだしを沸かし、みそを溶き入れる。1を加え、一煮立ちしたら火を止め、器に分けて細ねぎをあしらう。

[1:15]
みそ 60ml
だし 900ml

わかめとねぎのみそ汁

海藻類は欠かさず取りたい食材のひとつ。わかめのみそ汁で毎日補給してください。

材料（4人分）
[1:15]
- みそ 60ml（大さじ4）
- だし 900ml（カップ4・1/2）

塩蔵わかめ 40g　細ねぎ 1/4ワ
E 35kcal　T 5分

つくり方
1. わかめは水を数回取り替えて洗いながら戻し、水けを絞って3cm長さに切る。細ねぎは斜め薄切りにする。
2. 鍋にだしを沸かしてみそを溶き入れ、わかめを加える。一煮立ちしたら青ねぎを加えてすぐに火を止め、器に分ける。

[1:15]
みそ 60ml
だし 900ml

豚汁

[1:15]
みそ 60ml
だし 900ml

豚肉に根菜や芋など、台所にある手近な材料で。寒い日にいただくと、体も心も温まります。

材料（4人分）
[1:15]
- みそ 60ml（大さじ4）
- だし 900ml（カップ4・1/2）

豚バラ肉（薄切り）200g　生しいたけ 8枚　ごぼう 1/2本
にんじん 1/3本　こんにゃく 1/3枚
E 250kcal　T 8分

つくり方
1. 豚肉は2cm幅に切る。生しいたけは石づきを取って4等分に切る。ごぼうはささがきにして水にさらしておく。にんじん、こんにゃくはそれぞれ3cm長さ、1cm幅の短冊切りにし、こんにゃくはサッとゆでて水けをきる。
2. 鍋にだしと1を入れて火にかけ、煮立ったら弱火にし、野菜に火が通るまで煮る。
3. みそを溶き入れ、一煮立ちしたら器に分け、好みで一味とうがらしや粉ざんしょうをふる。

はまぐりのお吸い物

材料（4人分）
- 塩 5ml（小さじ1）
- 薄口しょうゆ 15ml（大さじ1）
- 酒 50ml（カップ1/4）
- 水 750ml（カップ3・3/4）

昆布 5cm角
はまぐり（砂抜きしたもの）（中）12コ
塩蔵わかめ 30g　木の芽 適宜
E 15kcal　T 7分

つくり方
1. はまぐりは殻をこすってきれいに洗う。塩蔵わかめは水を数回取り替えて洗いながら戻し、水けを絞って4cm長さに切る。
2. 鍋にカッコ内の水と酒、昆布、はまぐりを入れて火にかける。沸いてきたら昆布を取り出して中火にし、アクを取りながら煮る。
3. 貝の口が開いたらカッコ内の塩と薄口しょうゆで味を調える。わかめを加え、一煮立ちしたらすぐ火を止めて器に分け、木の芽をあしらう。

はまぐりからだしが出るので、かつおだしは使いません。酒が貝の臭みを抜き、うまみを加えます。

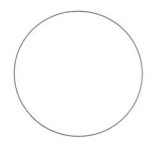

塩 5ml
薄口しょうゆ 15ml
酒＋水 800ml

かきたま汁

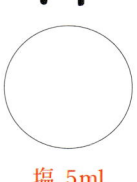

材料（4人分）
- 塩 5ml（小さじ1）
- 薄口しょうゆ 15ml（大さじ1）
- だし 800ml（カップ4）

卵 2コ
みつばの軸 1/2ワ分
E 40kcal　T 5分

つくり方
1. 卵は溶きほぐしておく。みつばの軸は2cm長さに切る。
2. 鍋に分量のだしと調味料を入れて強火にかける。沸いてきたら溶き卵を細く回し入れ、はしで手早く混ぜる。みつばの軸を加え、一煮立ちしたらすぐ火を止めて器に分ける。

溶き卵は、だしが沸いてから加えてください。ふんわり浮いたらすぐ火を止めること。

塩 5ml
薄口しょうゆ 15ml
だし 800ml

84

けんちん汁

豚汁と同様、好きなもの、台所にあるものを何でも使って具だくさんに。

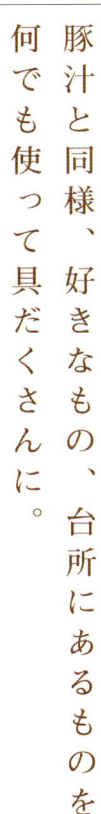

塩 5ml
薄口しょうゆ 15ml
だし 800ml

材料（4人分）
- 塩 5ml（小さじ1）
- 薄口しょうゆ 15ml（大さじ1）
- だし 800ml（カップ4）

ごぼう(細) 1本　にんじん 1/3本　油揚げ(大) 1/3枚
木綿豆腐 1/2丁　里芋 2コ　みつばの軸(みじん切り) 適宜
○ごま油
E 110kcal　T 15分

つくり方
1. ごぼうはたわしで洗って泥を落とし、ささがきにして水にさらす。にんじんは3cm長さ、1cm幅の短冊切りにし、油揚げは縦半分に切って1cm幅に切る。豆腐は2cm角に切る。
2. 里芋は洗って耐熱性の器に入れ、ラップフィルムをかけて電子レンジに20秒間かける。荒熱が取れたらスプーンやふきんなどで皮をこそげ取る。
3. 鍋にごま油大さじ1を熱し、水けをきったごぼう、にんじん、里芋を順に加えながら炒める。全体に油が回ったら、豆腐と油揚げを加え、サッと炒める。
4. カッコ内のだしと調味料を加え、煮立ったら中火にしてさらに5分間煮る。器に盛ってみつばの軸をあしらい、好みで一味とうがらしをふる。

つゆも手づくり 1:1:7 と 1:1:5

そうめんや冷たいうどんを食べるとき、つゆはどうしていますか。今は、市販のつゆも、濃縮タイプにストレートタイプ、なかには「追いがつお」が自慢のものなどバラエティーに富んでいます。薄め方次第でてんつゆや煮物にも使えるので、冷蔵庫に常備しているご家庭も多いようですが、しょうゆとみりんの1:1にだしを加えた割合を覚えてきた皆さんなら、めんのつゆやてんつゆぐらいは簡単につくれますよ。

そうめんや冷たいうどんのつけづゆは、1:1:7。しょうゆは薄口しょうゆです。これを煮立たせたところに削り節を加え、そのまま冷ます。これが「追いがつお」。煮物の合わせ地よりもかつおの風味とコクが感じられるでしょう。

てんつゆの割合は、1:1:5。めんのつゆよりだしは少なめ、しょうゆは濃口です。

このように、冷たいつゆにする場合は、必ず合わせ地をいったん煮立て、アルコール分をとばしてから冷やします。自家製のつゆは香りもよく、まろやかで、後口もすっきり。冷蔵庫で2〜3日間はもつので、ぜひ一度、試してほしいです。

1:1:7　1:1:5

（しょうゆ、みりん、だし）

そうめん

つゆに入れる薬味はお好みで。柚子の皮をすりおろして加えると、辛みはなくいい香りですよ。

[1:1:7]
薄口しょうゆ 60ml
みりん 60ml
だし 420ml

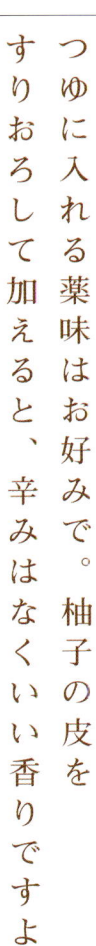

材料（4人分）
そうめんつゆ［1:1:7］
- 薄口しょうゆ 60ml（大さじ4）
- みりん 60ml（大さじ4）
- だし 420ml

削り節ひとつかみ　そうめん4ワ
E 220kcal　T 5分※
※つゆを冷やす時間は除く。

つくり方
1. そうめんつゆの材料を鍋に入れて火にかけ、煮立ったら火を止めて削り節を加える。混ぜずにそのままおいて冷まし、こし器でこして冷蔵庫で冷やす。
2. そうめんは束の片端を輪ゴムでとめて、たっぷりの熱湯で袋の表示通りにゆでる。ざるに上げて冷水に取り、流水をかけながらもみ洗いする。
3. そうめんが冷たくなったら水けをきり、とめた端を切り落とし、氷水を張った器に盛る。そうめんつゆを器に分け、好みで柚子の皮のすりおろしを加える。

てんぷら

まろやかでコクのあるてんつゆに、大根おろしをたっぷり入れてどうぞ。

[1:1:5]
しょうゆ 40ml
みりん 40ml
だし 200ml

材料（4人分）
てんつゆ [1:1:5]
- しょうゆ 40ml（カップ1/5）
- みりん 40ml（カップ1/5）
- だし 200ml（カップ1）

えび 12匹　ししとうがらし 8本
生しいたけ 4枚　卵黄（小）1コ分
薄力粉カップ 2　大根おろし適宜
○揚げ油

E 300kcal　T 15分

つくり方
1. てんつゆの材料を鍋に入れて火にかけ、煮立ったら火を止める。
2. えびは尾の部分を残して殻をむき、竹ぐしで背ワタを取る。揚げた時縮まないように、腹側に数か所切り目を入れておく。
3. ししとうがらしはヘタを取って、竹ぐしで数カ所穴を開けておく。生しいたけは石づきを取り、十字に切り目を入れる。
4. 卵黄に冷水カップ 2 を加えて混ぜ合わせ、薄力粉を加えて切るようにさっくり混ぜる。揚げ油は180℃に熱する。
5. 2、3の材料に薄く薄力粉をはたき、4にくぐらせて揚げ油に入れ、カラリと揚げる。器に盛って大根おろしを添え、1のてんつゆを添える。

割合早見表

本書で紹介した中から主な40品の材料を、料理名の五十音順に並べました。点線から切り離し、見やすいところに貼ってお使いください。

いわしのしょうが煮

いわし(小)　20匹(600g)
しょうが　2かけ

- しょうゆ　30ml(大さじ2)
- みりん　30ml(大さじ2)
- 酒　120ml(カップ3/5)
- 水　120ml(カップ3/5)

P38　　1:1:4:4

いり豆腐

豆腐(木綿)　1丁
きくらげ(乾)　10g
ごぼう　1/4本
にんじん　1/2本
こんにゃく　1/3枚
さやいんげん　10本
卵　1コ

- しょうゆ　30ml(大さじ2)
- みりん　30ml(大さじ2)
- だし　300ml(カップ1・1/2)

サラダ油　少々

P53　　1:1:10

青菜と揚げの煮物

小松菜　300g
油揚げ(大)　2枚
いりこ　10匹

- 薄口しょうゆ　20ml(小さじ4)
- みりん　20ml(小さじ4)

水　300ml(カップ1・1/2)

P10　　1:1

おでん

大根　1/3本
ちくわ　2本
こんにゃく　1枚
ゆで卵　4コ

- 薄口しょうゆ　30ml(大さじ2)
- しょうゆ　30ml(大さじ2)
- みりん　60ml(大さじ4)
- だし　900ml(カップ4・1/2)

練りがらし　適宜

P63　　1:1:15

卯の花

おから　200g
鶏もも肉　100g
きくらげ(乾)　10g
生しいたけ　2枚
しめじ　1/4パック
にんじん　3cm
さやいんげん　8本

- 薄口しょうゆ　40ml(カップ1/5)
- みりん　40ml(カップ1/5)
- だし　400ml(カップ2)

塩　少々
ごま油　大さじ1

P52　　1:1:10

いんげんのごまあえ

さやいんげん　40本

- しょうゆ　50ml(カップ1/4)
- みりん　50ml(カップ1/4)
- 練りごま(白)　50ml(カップ1/4)

塩　少々

P24　　1:1:1

(MEMO)

かぼちゃの煮物

かぼちゃ　400g

- 薄口しょうゆ　30ml(大さじ2)
- みりん　30ml(大さじ2)
- だし　450ml(カップ2・1/4)

P59　　1:1:15

親子丼

鶏もも肉　400g
卵　12コ
細ねぎ　1ワ
ご飯　どんぶり4杯分

- だし　140ml
- みりん　100ml(カップ1/2)
- しょうゆ　60ml(大さじ4)

粉ざんしょう　適宜

P68　　7:5:3

切り干し大根

切り干し大根（乾）　40g
油揚げ　1/2枚

- しょうゆ　40ml（カップ1/5）
- みりん　40ml（カップ1/5）
- だし　400ml（カップ2）

P50　　1:1:10

きのこと鶏肉の煮物

生しいたけ　12枚
えのきだけ　1袋
なめこ　1袋
鶏もも肉　200g
むき甘栗　50g
絹さや　12枚

- しょうゆ　30ml（大さじ2）
- みりん　30ml（大さじ2）
- だし　240ml（カップ1・1/5）

P34　　1:1:8

かれいのうま煮

かれい（1切れ約150g）　4切れ
ごぼう　1本
絹さや　12枚
しょうが（せん切り）　1かけ分

- しょうゆ　60ml（大さじ4）
- みりん　60ml（大さじ4）
水　480ml（カップ2・2/5）

P8　　1:1

きんぴらごぼう

ごぼう　1本
こんにゃく　1/3枚
するめ（またはさきいか）　50g
にんじん　4cm
赤とうがらし（輪切り）　1/2本分

- しょうゆ　40ml（カップ1/5）
- みりん　40ml（カップ1/5）

サラダ油　少々
いりごま（白）　適宜

P11　　1:1

きゅうりとわかめの酢の物

きゅうり　4本
塩蔵わかめ　60g
しょうがの絞り汁　1/2かけ分
塩　適宜

- 薄口しょうゆ　20ml（小さじ4）
- みりん　20ml（小さじ4）
- 酢　20ml（小さじ4）

P19　　1:1:1

牛丼

牛薄切り肉　300g
たまねぎ　1コ
卵黄　4コ分
ご飯　どんぶり4杯分

- だし　140ml
- みりん　100ml（カップ1/2）
- しょうゆ　60ml（大さじ4）

粉ざんしょう　適宜

P71　　7:5:3

MEMO

高野豆腐の煮物

高野豆腐　4枚
絹さや　12枚

- 薄口しょうゆ　30ml（大さじ2）
- みりん　30ml（大さじ2）
- だし　450ml（カップ2・1/4）

塩　少々

P62　　1:1:15

けんちん汁

ごぼう（細）　1本
にんじん　1/3本
油揚げ（大）　1/3枚
木綿豆腐　1/2丁
里芋　2コ

- 塩　5ml（小さじ1）
- 薄口しょうゆ　15ml（大さじ1）
- だし　800ml（カップ4）

みつばの軸（みじん切り）　適宜
ごま油　大さじ1

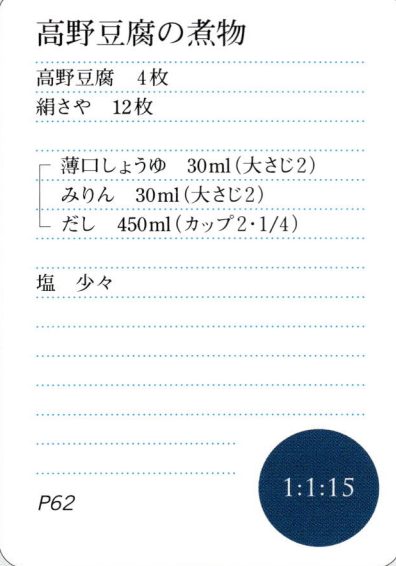

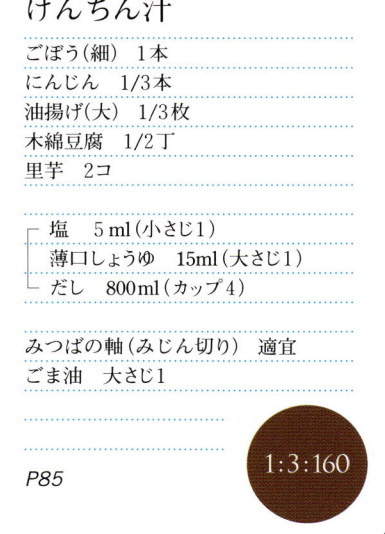

P85　　1:3:160

さけちらし
- 米　カップ2
- 昆布　10cm角
- さけ(甘塩)　2切れ(150g)
- イクラ　120g
- 絹さや　15枚

- 塩　7.5ml(大さじ1/2)
- 砂糖　30ml(大さじ2)
- 酢　45ml(大さじ3)

- 焼きのり　2枚
- 塩・酒　各少々

P77　　1:4:6

五目豆
- 大豆(水煮)　400g
- 昆布　10cm角
- にんじん　1/2本
- こんにゃく　1/2枚
- れんこん　1/2節

- しょうゆ　50ml(カップ1/4)
- みりん　50ml(カップ1/4)
- だし　500ml(カップ2・1/2)

- 酢　少々

P51　　1:1:10

五目ご飯
- 米　カップ3
- 鶏もも肉　120g
- 干ししいたけ　1枚
- ごぼう　5cm
- にんじん　1/3本
- こんにゃく　1/3枚

- 塩　5ml(小さじ1)
- 酒　15ml(大さじ1)
- 薄口しょうゆ　15ml(大さじ1)
- だし　600ml(カップ3)

P78　　1:3:3:120

春菊のおひたし
- 春菊　1ワ(約200g)
- 生しいたけ　8枚

- 薄口しょうゆ　20ml(小さじ4)
- みりん　20ml(小さじ4)
- だし　300ml(カップ1・1/2)

- 塩　少々

P60　　1:1:15

さばのみそ煮
- さば(切り身)　4切れ
- しょうが　1かけ
- ねぎ　2本

- みそ　60ml(大さじ4)
- みりん　30ml(大さじ2)
- 酒　120ml(カップ3/5)
- 水　120ml(カップ3/5)

- 塩　適宜

P42　　2:1:4:4

里芋の煮っころがし
- 里芋(小)　24コ
- さやいんげん　16本

- しょうゆ　50ml(カップ1/4)
- みりん　50ml(カップ1/4)
- だし　400ml(カップ2)

P28　　1:1:8

MEMO

豆腐といかの煮物
- 焼き豆腐　1丁
- するめいか　2はい

- しょうゆ　45ml(大さじ3)
- みりん　45ml(大さじ3)
- だし　360ml(カップ1・4/5)

P35　　1:1:8

たけのこの土佐煮
- たけのこ(ゆでたもの)　400g

- しょうゆ　30ml(大さじ2)
- みりん　30ml(大さじ2)
- だし　240ml(カップ1・1/5)

- 削り節　ひとつかみ
- 木の芽　適宜

P31　　1:1:8

なすの田楽
なす 4コ

- 白みそ 120ml(カップ3/5)
- みりん 120ml(カップ3/5)
- 酒 120ml(カップ3/5)

サラダ油 大さじ2

P44 　1:1:1

鶏のから揚げ
鶏もも肉 500g

- しょうゆ 10ml(小さじ2)
- みりん 10ml(小さじ2)
- 酒 10ml(小さじ2)

溶き卵 1/2コ分
しょうがの絞り汁 少々
にんにく(すりおろし) 小さじ1/2
かたくり粉・揚げ油 各適宜

P23 　1:1:1

鶏ごぼう
鶏もも肉 600g
ごぼう 3本

- しょうゆ 90ml(大さじ6)
- みりん 90ml(大さじ6)
- だし 720ml(カップ3・3/5)

粉ざんしょう 適宜

P33 　1:1:8

煮しめ
昆布 30cm
干ししいたけ(小) 8枚
にんじん 1本
ごぼう 1本
れんこん 1/2節
里芋(小) 12コ
絹さや 12枚

- 薄口しょうゆ 30ml(大さじ2)
- しょうゆ 30ml(大さじ2)
- みりん 60ml(大さじ4)
- だし 480ml(カップ2・2/5)

塩 少々

P32 　1:1:8

肉じゃが
牛薄切り肉 250g
じゃがいも 3コ
たまねぎ 2コ
絹さや 12枚

- しょうゆ 60ml(大さじ4)
- みりん 60ml(大さじ4)

水 480ml(カップ2・2/5)
サラダ油 少々

P6 　1:1

菜の花のからしあえ
菜の花 20本

- 薄口しょうゆ 20ml(小さじ4)
- みりん 20ml(小さじ4)
- だし 300ml(カップ1・1/2)

練りがらし 適宜
削り節(あれば糸がきかつお) 適宜
塩 少々

P61 　1:1:15

MEMO

ひじきの煮つけ
ひじき(乾) 25g
油揚げ 1/2枚
にんじんの皮 1本分

- しょうゆ 30ml(大さじ2)
- みりん 30ml(大さじ2)
- だし 300ml(カップ1・1/2)

サラダ油 少々

P48 　1:1:10

白菜と豚肉の煮物
白菜 1/2株
豚バラ肉(薄切り) 400g
細ねぎ(小口切り) 1/2ワ分

- しょうゆ 10ml(小さじ2)
- 薄口しょうゆ 10ml(小さじ2)
- みりん 20ml(小さじ4)
- だし 300ml(カップ1・1/2)

塩・こしょう 各適宜

P56 　1:1:15

豚の角煮

豚バラ肉（塊）　500g
ゆで卵　4コ

```
しょうゆ　50ml（カップ1/4）
みりん　　50ml（カップ1/4）
```
水　400ml（カップ2）

サラダ油　大さじ1
練りがらし　適宜

P12　　1:1

豚肉のしょうが焼き

豚ロース肉（薄切り）　400g
ししとうがらし　12〜16本

```
しょうゆ　30ml（大さじ2）
みりん　　30ml（大さじ2）
酒　　　　30ml（大さじ2）
```

しょうがの絞り汁　2かけ分

P21　　1:1:1

豚汁

豚バラ肉（薄切り）　200g
生しいたけ　8枚
ごぼう　1/2本
にんじん　1/3本
こんにゃく　1/3枚

```
みそ　60ml（大さじ4）
だし　900ml（カップ4・1/2）
```

P83　　1:15

蒸しなすのごまだれ

なす　4コ

```
しょうゆ　　60ml（大さじ4）
みりん　　　60ml（大さじ4）
練りごま（白）60ml（大さじ4）
```

塩　少々

P25　　1:1:1

ぶりの照り焼き

ぶり（切り身）　4切れ

```
しょうゆ　80ml（カップ2/5）
みりん　　80ml（カップ2/5）
酒　　　　80ml（カップ2/5）
```

P22　　1:1:1

ぶり大根

ぶりのアラ　1匹分（約600g）
大根　1/2本

```
しょうゆ　60ml（大さじ4）
みりん　　60ml（大さじ4）
酒　　　　240ml（カップ1・1/5）
水　　　　240ml（カップ1・1/5）
```

塩　適宜

P36　　1:1:4:4

MEMO

わさび豚

豚もも肉（薄切り）　400g
きゅうり　3本
みょうが　4コ

```
しょうゆ　120ml（カップ3/5）
みりん　　120ml（カップ3/5）
酢　　　　120ml（カップ3/5）
```

おろしわさび　適宜

P16　　1:1:1

わけぎといかのぬた

わけぎ　1ワ
いか（胴）　150g
酒　カップ1/4
薄口しょうゆ　少々

```
白みそ　45ml（大さじ3）
みりん　45ml（大さじ3）
酒　　　45ml（大さじ3）
酢　　　45ml（大さじ3）
```

練りがらし　適宜

P45　　1:1:1:1

村田吉弘（むらた・よしひろ）

京料理店「菊乃井」三代目主人。
立命館大学卒業後、名古屋「加茂免」にて修業し、
1976年「菊の井 木屋町店」を開店する。現在は「菊乃井本店」
の主人を務めるほか、NPO法人日本料理アカデミー理事長、
一般社団法人全日本・食学会理事長などを務めている。

- 菊乃井 京都市東山区下河原通八坂鳥居前下ル下河原町459
  075-561-0015
- 露庵 菊乃井 京都市下京区木屋町四条下ル斉藤町118
  075-361-5580
- 赤坂 菊乃井 東京都港区赤坂6-13-8 03-3568-6055

村田さんがふだん使っている調味料
みりん＝福来純 本みりん三年熟成（白扇酒造株式会社 0574-43-3835）
しょうゆ＝海の精 旨しぼり醤油（海の精株式会社 03-3227-5601）
酢＝千鳥酢（村山造酢株式会社 075-761-3151）

スタッフ
撮影　山本明義
スタイリング　肱岡香子
校正　中沢悦子
栄養計算　宗像伸子
編集　米村望（NHK出版）、奈良結子
編集協力　大森いさみ
アートディレクション・デザイン　伊丹友広（イット イズ デザイン）
デザイン　中井有紀子（イット イズ デザイン）

割合で覚える和の基本
2001年10月15日　第1刷発行
2023年6月5日　第51刷発行
著者　村田吉弘 ©2001 Murata Yoshihiro
発行者　土井成紀
発行所　NHK出版
〒150-0042　東京都渋谷区宇田川町10-3
電話　0570-009-321（問い合わせ）
　　　0570-000-321（注文）
ホームページ　https://www.nhk-book.co.jp
印刷・製本　広済堂ネクスト
ISBN978-4-14-033171-2 C2077 Printed in Japan
乱丁・落丁本はお取り替えいたします。
定価はカバーに表示してあります。
本書の無断複写（コピー、スキャン、デジタル化など）は、
著作権法上の例外を除き、著作権侵害となります。